乙女の台北

かわいい雑貨、カフェ、スイーツをめぐる旅

グレアトーン台湾編集部 著

mates-publishing

美味しいレストランにカフェ、
とっても素敵な雑貨店。
あなたの知らない
台北の穴場をご紹介します。
さあ！ゆっくりとページを
めくって下さい!!

東区エリア

- 56 Lomography Gallery Store
- 58 G-LOVE
- 60 好樣餐桌 VVG Table
- 62 Foufou&friends shop
- 64 聽見幸福音樂盒
- 66 齊民市集有機鍋物
- 68 Le Vert thé 綠茗堂
- 70 好丘 Good Cho's
- 72 LIHO 禮好
- 74 美好年代 Belle Époque
- 76 blahblahblah
- 78 Wiz 微禮
- 80 Destino 妳是我的命運
- 82 mr.hair

- 84 コラム 2

南部エリア

- 86 找到魔椅
- 88 Bambi Bambi brunch
- 90 羊毛氈手創館
- 92 紫藤廬
- 94 承薪企業有限公司
- 96 Bravo Burger 發福廚房
- 98 私藏不藏私
- 100 福悅彫金教室

- 102 コラム 3

その他エリア

- 104 飯 Bar
- 106 久大文具 復北門市
- 108 李雪辣嬌
- 110 草山金工 Grass Hill Jewelry
- 112 朵兒咖啡館
- 114 CHARM VILLA 子村莊園
- 116 RICH CAKE

- 118 我愛的夜市
- 120 スーパーマーケットは買い物・お土産天国
- 122 旅の便利 MEMO
- 124 素敵な旅の台湾語
- 126 インデックス

乙女の台北

かわいい雑貨、カフェ、スイーツをめぐる旅

- 6 　中心部・東区・その他1エリアマップ
- 8 　南部・その他2エリアマップ
- 9 　台北地下鉄路線図
- 10 　この本の使い方

中心部エリア

- 12 　剪刀兔本舖
- 14 　品墨良行
- 16 　頂味執餃
- 18 　雲彩軒中山店
- 20 　繭裏子 TWINE
- 22 　NOTCH 咖啡工場（站前店）
- 24 　Zakka club 雜貨俱樂部
- 26 　春豬原創工作室
- 28 　現在夢中。制造工所
- 30 　成家家居
- 32 　進駐品牌 自做自售創意供賣局
- 34 　野菜家〜焼野菜ばる〜
- 36 　安達窯
- 38 　蘑菇台北中山本店 shop | cafe' | meal
- 40 　東門鴨莊
- 42 　繡花房
- 44 　Loopy 鹿皮
- 46 　夏樹甜品（大稻埕店）
- 48 　尋藝廬
- 50 　大来小館
- 52 　LaReine

- 54 　コラム1

この本の使い方

①店名・ジャンル・最寄り駅
台湾語の店名と読みがな、ジャンルと最寄りの地下鉄路線と駅名を見やすいアイコン等で掲載しています。

②商品や料理
お店のおすすめ商品・料理の中から、編集部でイチオシのものを取り上げ、写真とコメントで紹介しています。

③スタッフ
オーナーや店長、スタッフからのメッセージを紹介しています。

④Shop data
店舗所在地、電話番号（台湾国内）、営業時間、定休日、HPアドレス、地下鉄中心でのアクセス、その他欄にて喫煙の情報を。

⑤写真ギャラリー
店内の雰囲気や商材（商品や料理）を中心にギャラリーとして写真を掲載。お店の感じを味わうことの出来る様にしてあります。

⑥乙女的memo
本文等で書ききれなかったワンポイント情報を紹介してあります。

掲載した情報は2014年12月現在のものです。商品や料理、営業時間や定休日などは予告無く変更する場合があります。また、移り変わりが激しい台湾の国内事情のため、移転なども考えられますので、事前にホームページなどでチェックする事をおすすめします。

中心部エリア

台北駅を中心とした商業地区 隣駅まで歩いてみても発見があるかも

🚇 **雙連駅**
Loopy 鹿皮（P44）🛍

🚇 🚉 **中山駅**
現在夢中。制造工所（P28）🛍
春豬原創工作室（P26）🛍
蘑菇台北中山本店 shop | cafe' | meal（P38）🛍
安達窯（P36）🛍
雲彩軒中山店（P18）🛍
野菜家～焼野菜ばる～（P34）☕

🚇 🚉 **台北車站駅**
NOTCH 咖啡工場（站前店）（P22）☕

🚇 🚉 **東門駅**
品墨良行（P14）🛍
Zakka club 雜貨倶樂部（P24）🛍
東門鴨莊（P40）☕
大来小館（P50）☕
成家家居（P30）🛍
繡花房（P42）🛍
尋藝廬（P48）🛍

🚇 **菜寮駅**
頂味執餃（P16）☕

🚇 **大橋頭駅**
夏樹甜品（大稻埕店）（P46）☕
繭裏子 TWINE（P20）🛍

🚇 **行天宮駅**
LaReine（P52）🛍

🚇 🚉 **西門駅**
進駐品牌 自做自售創意供賣局（P32）🛍
剪刀兔本鋪（P12）🛍

🛍 雑貨　☕ 飲食　✋ 体験

剪刀兔本舗

じぇんだおとぅーべんぶ

飲食　体験　**雑貨**

🚇 板南線　松山新店線
西門駅

女の子のお部屋のような空間にオリジナルキャラクターグッズをディスプレイ

1 手描きのイラストをデザインした「パスケース」390元。首から下げられるストラップ付き。　**2** 裏が鏡になっている「ミラーキーリング」80元　**3** モコモコ感がかわいい「剪刀兔キーリング」420元。色違いあり

店長　謝明玲 さん

かわいいキャラクターに囲まれて、幸せな気分になってもらえたらうれしいです。

毎日一緒にいたくなるオリジナルキャラクター

ウサギのぬいぐるみをかぶった愛らしい表情の女の子。手描きされたオリジナルキャラクター「剪刀兔」グッズの専門店。ポストカードやキーホルダー、ポーチにバッグ、アクセサリーなど、部屋に飾ったり持ち歩いたりできる小物がいっぱい。プレゼントにも喜ばれそうなアイテムが豊富で、色違いもあるから、旅行のお土産にもぴったり。ファンシーカラーの店内でショッピングを楽しんで。

剪刀兔本舗
じぇんだおとぅーべんぶ

- **Ad** 台北市萬華區成都路10號
- **Tel** 0932-292-517
- **営** 14:00〜21:30 (金・土曜日〜22:00)
- **休** 月曜日
- **HP** https://www.facebook.com/scissorbunny
- **Ac** MRT板南線・松山新店線「西門」駅から徒歩1分
- **他** ー
- **日** 不可

中心部エリア

小さなショップ内にオリジナルグッズを所狭しとディスプレイ。色やデザイン違いであれこれ選ぶのも楽しい。お気に入りの1点を見つけて

🔵 乙女的memo　女の子が大好きな淡いピンクのインテリアにも注目してショッピングを

中心部エリア

品墨良行
ぴんもーりゃんはん

飲食　体験　雑貨

淡水信義線 中和新蘆線
東門駅

店内は商品のカラーを邪魔しないよう、木の温もりを活かした落ち着いた雰囲気に。

1 設計師限定包款3000〜5000元。バッグはすべてこの店のデザイナーによるオリジナル商品　2 小方包980元。日常使いにピッタリの小さなバック　3 手工室内鞋1200元。柔らかい履き心地が人気のスリッパ

日常使いにピッタリのハンドメイドアイテム

2009年にオープンしたオリジナル雑貨を販売する店。布を使ったバックやスリッパなど、機能的でありながら、シンプルで可愛らしい数量限定のハンドメイドアイテムを取り揃えている。

入口がガラス張りの明るい店内は、温かみのある木材をふんだんに使用した落ち着いた雰囲気。商品を手にとってじっくりと選ぶことができるよう、レイアウトにも気をつかっている。

設計部門　二姐 さん　あーじぇ

まるで我が家に帰ってきたような落ち着ける店内ですよ。ぜひ一度いらしてください。

品墨良行
ぴんもーりゃんはん

Ad　台北市永康街63號
Tel　02-2358-4670
営　12:00〜20:00
休　不定休
HP　http://pinmo.com.tw/
Ac　MRT淡水信義線・中和新蘆線「東門」駅から徒歩10分
他　一　　日　不可

バッグやポーチなどのオリジナル商品は布の柔らかな肌触りが好評。お気に入りのアイテムがきっと見つかるはず

乙女的memo　店舗の入口そばに飾られている大きな耳のかわいいウサギが目印

中心部エリア

頂味執餃

でぃんうぇい　ずーじゃお

飲食　体験　雑貨

中和新蘆線
菜寮駅

①

②

③

ひとつひとつ手作りされる台湾の家庭を代表する味に心がほっこりすること間違いなし

1 「家傳麵」35元。自家製のたれで炒めた肉を麺に絡めた一品。丸子湯と一緒に食べるとおいしさ倍増。
2 「丸子湯」25元。肉団子のスープ。　3 「紅燒三寶牛肉麵」190元。台湾産の牛肉のみ使用する

台湾が誇る家庭の味を手間ひま惜しまず再現

餃子や麺料理、スープなど、地元の人たちが親しんできた家庭料理が味わえる。メニューのルーツは店長のおばあちゃん。病気に倒れたおばあちゃんの味を守ろうと、このお店が開店。次第にメニューが増え、手作りの皮にイカ墨やニンジン、カボチャなどを練り込んだカラフルな餃子も登場。やさしい家庭の味わいに、食べれば心まであたたかくなりそう。リーズナブルな価格もうれしい。

店長　江（じゃん）さん

ぜひ、お店に食べに来てください。そして、みんなでお友達になりましょう！

頂味執餃
でぃんうぇい　ずーじゃお

Ad 新北市三重區光明路70號
Tel 02-8973-1000
営 10:00〜21:00
休 土・日曜日で不定休
HP https://www.facebook.com/DingWeiZhiJiao
Ac MRT中和新蘆線「菜寮」駅から徒歩6分
他 予約可、10席、禁煙、料金目安 約150元
日 不可

8種類のカラフルな水餃子「綜合黒猪肉水餃」80元。色によって中身の具も異なる。使用する豚肉はその日にさばいた新鮮なものだけ

乙女的memo カラフルな餃子はひと口サイズで見た目もかわいいからオーダー必須!

ショップの近くには高級ホテルや林森北路公園があり、散歩しながら立ち寄りたい佇まい

雲彩軒中山店

うんつぁいしぇん　ぞんさんでん

飲食　体験　雑貨

淡水信義線 松山新店線
中山駅

1 花の刺繍がかわいい洋服型のお財布 140元。お土産にもちょうどいい **2** 台湾の伝統的な花柄が美しい茶器のセット。270元 **3** チャイナドレスを模ったお酒のボトルカバー。580元

中心部エリア

スタッフ　**周皈伶**（ぞう）さん

豊富な品揃えでお待ちしています。大切な友人やご家族と一緒にお買い物に来てください。

華やかなディスプレイが誘う刺繍の効いた雑貨店

緑豊かな場所に建つショップ。季節に合わせた刺繍のアイテムを並べる華やかなショーウィンドウが、道行く人々を誘う。台湾と中国の伝統的な素材を使った工芸品は色鮮やか。普段使いができるステーショナリーや小物、インテリア雑貨が豊富。ヴィヴィッドな布で作られたバッグは、ファッションのポイントにもなりそう。女友達へのお土産選びに困ったら、このショップをのぞいて見ては。

雲彩軒中山店
うんつぁいしぇん　ぞんさんでん

- **Ad** 台北市中山區南京東路一段31巷2號
- **Tel** 02-2571-2539
- **営** 10:00～21:30
- **休** なし
- **HP** なし
- **Ac** MRT淡水信義線・松山新店線「中山」駅から徒歩2分
- **他** 一　日　可

色鮮やかな雑貨がずらり。デザインはかわいらしいものから、大人っぽく美しいものまで。女性をターゲットにしたアイテムがいっぱい

🔵 乙女的memo　カラーバリエーションが豊富だから仲の良い友達と色違いで揃えることも！

繭裏子 TWINE

じえんりーず

 中和新蘆線
大橋頭駅

古い家具を使ったディスプレイで雑貨の世界観をかもし出す。高い天井で開放感ある店内

1 電子レンジで加熱して目の上に置く「アニマルアイピロー」390元　2 親指で演奏するやさしい音色の小さな琴。590元　3 捨てられるはずのビーチサンダルを再利用した「ハイフェイアニマル」1個790〜1,790元

個性豊かな表情を見せるフェアトレード雑貨の店

手作り雑貨のショップとしてスタートし、その後、台湾で初のフェアトレード会員に。オリジナルデザインの雑貨を開発途上国で生産し、その国の発展にも貢献する。高い天井の店内には、アンティーク家具などを配して、雑貨たちをディスプレイ。商品のほとんどが天然素材で作られているので、手に取ったときにやさしさを感じられるはず。オリジナルのデザインが多く、お土産にもぴったり。

デザイナー　林（りん）さん

すべて手づくりで環境に良い商品ばかりです。台湾のフェアトレードを応援してください。

繭裏子 TWINE
じえんりーず

Ad 台北市大同區迪化街一段195號1樓
Tel 0922-890-689
営 10:00〜20:00
休 なし
HP https://www.facebook.com/twinestudio
Ac MRT中和新盧線「大橋頭」駅から徒歩13分
他 ―
日 不可

パンダやクマ、アリクイなど、動物の形をしたキャンドルは1個320元。ラクダ型は390元。火を灯さずにインテリアとして飾っておきたいかわいらしさ

乙女的memo　ナチュラル素材の手にやさしいものばかり。アクセサリーもいっぱい！

NOTCH 咖啡工場
（站前店）

のっち　かーふぇいこんちゃん

 淡水信義線　板南線
台北車站駅

飲食　体験　雑貨

ソファー席のほか、各階ごとにテーマを変えたインテリアが配置されている

1 熱拿鐵（ホットカフェオレ）60元はアイスにすることも可能　**2** 焦糖牛奶（キャラメルミルク）55元はリピーターも多い　**3** 莓果鬆餅（ベリーワッフル）130元は自家製生クリームを使用

創業者　**黃大寶**（ふぁん）さん

「NOTCH」は英語で「刻む」という意味です。皆さんの心に残るコーヒーをお届けしたいと思っています。

飽きのこない味わいで台湾の人々に愛される店

「お客様に毎日きていただけるように」と価格を抑えたメニューが人気のコーヒーショップ。1階から4階まである店内は、各階ごとに趣向を凝らしたインテリアでコーディネートしてある。

人気の熱拿鐵は深みが感じられるコーヒーを使用し、ほのかにチョコレートの香りが漂う逸品。莓果鬆餅は甘酸っぱいベリーとミルクの味わいを強めた生クリームがクセになるワッフルだ。

NOTCH 咖啡工場（站前店）
のっち　かーふぇいこんちゃん

Ad 台北市中正區信陽街6號
Tel 02-2361-3223
営 7:30（土・日曜日は8:00)〜22:00
休 なし
HP https://www.facebook.com/NOTCHfrontstation　**Ac** MRT淡水信義線・板南線「台北車站」駅から徒歩9分　 予約可、150席、禁煙、料金目安 約90元　**日** 不可

ケーキ各種は70元から。甘さ控えめのチョコレートと新鮮なミルクのみを使用した原味巧克力（アイスチョコレート）も人気

🔵乙女的memo 店内にあるインテリアは、ノスタルジックな雰囲気のものが多い

Zakka club
雜貨俱樂部

ざっかくらぶ　ざふぉーじゅれーぶ

飲食　体験　雜貨

淡水信義線　中和新蘆線
東門駅

「清楚で純粋なライフスタイル」をテーマとした数多くのアイテムが並ぶ

1 棉麻風服飾、配件（コットンシャツ、ストール）680～2280元　2 Shinzi Katoh 插畫家拉鍊大提袋 女孩與貓（トートバッグ 女の子と猫）1260元　3 Southgate FIT（シューズ）1380元

商品部經理　Kevin さん

日本語が対応出来るスタッフが対応いたします。近くのカフェやスポットもご紹介できますよ。

日本の雑貨デザイナー、加藤真治の専門店

日本の雑貨デザイナー、挿絵画家である加藤真治が手がけたアイテムの専門店で、2009年にオープンした。バッグや文房具、衣服、食器、イラストなど幅広い商品を取り揃えている。

Southgate FITは、カラーラインナップも多彩で、人気の商品。插畫家拉鍊大提袋は、大容量のコットン素材のバッグ。内部にはポケットが2つあり、日常使いにピッタリなアイテムだ。

Zakka club 雜貨俱樂部
ざっかくらぶ　ざふぉーじゅれーぶ

- Ad 台北市大安區永康街12巷6號1樓
- Tel 02-2393-1398
- 營 11:30~21:30
- 休 なし
- HP http://www.zakkaclub.com.tw
- Ac MRT淡水信義線・中和新蘆線「東門」駅から徒歩8分
- 他 一　日 可

店内は白に統一された家具とナチュラルテイストの雑貨をメインで配置。永康街のほか中山北路にも店舗がある。

🔵 乙女的memo　かわいい生活雑貨、衣料品のほか、ポスターなども販売している

春豬原創工作室

ちゅんずーいえんつあんごんぞーす

中心部エリア

古い建物をリノベーションした店内は、レトロな雰囲気が漂う

飲食　体験　雑貨

淡水信義線　松山新店線
中山駅

1

3

2

1 春豬復古餅乾吊帶（春豬オリジナルオールドサスペンダー）2500元　2 經典兩用水桶包（トラディショナルバッグ）5000元　3 經典小口袋側背包（トラディショナル小口バッグ）8000元

手作りの風合いが残る可愛らしいレザーグッズ

日本で技術を学んだオーナーが、2010年にオープンした革製品の専門店。レトロな雰囲気漂う店内に並ぶ製品はすべて職人がハンドメイドで製作し、その手作りの風合いが人気を呼んでいる。経典小口袋側背包は、ファスナーには日本製を使用し、耐久性にも優れた逸品。春豬復古餅乾吊帶は、ビスケット型サスペンダーで、どこか懐かしさを感じさせるデザインが人気だ。

スタッフ　小鳥（しゃおでぃやお）さん

この店のある大稻埕には、お寺や漢方薬屋さんなど台湾ならではの面白いスポットが沢山ありますよ！

春豬原創工作室
ちゅんずーいえんつあんごんぞーす

Ad　台北市民樂街22號2樓
Tel　02-2559-5987
営　11:00～19:00
休　月・土曜日
HP　https://www.facebook.com/haruistudio?ref=br_rs
Ac　MRT淡水信義線・松山新店線「中山」駅から徒歩15分　🈂 ─ 🈁 可

店内にはユニークで可愛らしいバッグが多数並ぶ。オーダーメイドも受け付けている

❗乙女的memo　日本語で会話の出来るスタッフもいるので安心してお買い物をどうぞ

中心部エリア

現在夢中。制造工所
しぇんざいもんじょん。ずーざおごんそー

 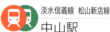
飲食　体験　雑貨

淡水信義線　松山新店線
中山駅

台湾の伝統的なアパートの一室をリノベーションして活用する店内は個性豊かな空間

1 ジーンズのポケットにも入るシンプルな革財布は850元　2 ヤギの革と牛革を使用した小さめのバッグ。肩ひもの長さは調節可能。2,180元　3 リバーシブルで使える大きなボール型バッグ。2,680元

質感のよい素材を大切に一点もののバッグが揃う

伝統的な台湾式建築のアパートを活用する製作工房兼ショップ。さまざまな質感のレザーや布を組み合わせ、女の子好みのカラーリングで仕上げたバッグが揃う。作っているところを見学することもできるので、ひとつひとつ、丁寧に作られているのを実感できそう。どれも、デザイナーの思いが詰まった一点もの。お気に入りを見つけて、ファッションのコーディネートに取り入れて見ては。

店長　Heaven さん

どれも世界でたった一つの商品。縁を感じるアイテムを探しに来てください。

現在夢中。制造工所
しぇんざいもんじょん。ずーざおごんそー

Ad 台北市大同區南京西路18巷6弄6號2F
Tel なし
営 13:00〜20:00
休 不定休
HP https://www.facebook.com/H.madeinheaven
Ac MRT淡水信義線・松山新店線「中山」駅から徒歩3分
他 金・土曜日以外は要予約　 不可

マレーグマがついたカード入れも活用できそう。ほかにも手ごろな価格のものもあるので、お店の中をゆっくりチェックしよう

🔵 乙女的memo　レザーなのにこのカラーバリエーションはお見事！うれしくなりそう

成家家居

ぜんじゃーじゃーじ

中心部エリア

飲食　体験　雑貨

淡水信義線 中和新蘆線
東門駅

ポストカードやフレーム入りのイラストなどが壁面にぎっしり。手軽な価格がうれしい

1 台湾伝統の花柄と竹素材を合わせた「コースター」80元。5個で1個プレゼント　2 開くと針刺し付きの小さな裁縫箱。550元　3 台湾の結婚を意味する文字が描かれた淡い色合いの手作り石鹸。180元

刺繍や手描きの絵が豊富 あたたかみのある雑貨店

台湾や中国に昔から伝わる雑貨の専門店。昔ながらの雑貨に現代のテイストをミックスし、毎日、使える実用的にデザイン。ファッション小物から日用品、インテリアグッズなど幅広い品ぞろえでカラーバリエーションも豊富。店内にぎっしり詰まった雑貨を選んでいると、まるで宝探しのようにサプライズを感じることも。なつかしいあたたかさがある店内には、かわいい驚きがいっぱい。

店長　林佩君(りん)さん

あたたかくかわいい雰囲気のお店です。気軽にプレゼントやお土産選びができますよ。

成家家居
ぜんじゃーじゃーじ

- **Ad** 台北市麗水街8號1樓
- **Tel** 02-2397-5689
- **営** 10:00〜21:30
- **休** なし
- **HP** なし
- **Ac** MRT淡水信義線・中和新蘆線「東門」駅から徒歩2分
- **他** 一　日 可

各雑貨のポップには日本語も併記しているので、雑貨が選びやすい。手に取ってお気に入りの一品を見つけて

乙女的memo　丁寧な刺繍を施した台湾伝統の雑貨は乙女心をくすぐる色使いがお見事

中心部エリア

進駐品牌
自做自售創意供賣局

じんずーぴんぱい　じぞーじそーつぁんいごんまいじ

飲食　体験　雑貨

板南線　松山新店線
西門駅

レトロな雑貨が所狭しと並ぶ手作りの空間。美術を学んだスタッフがセンスの良さを発揮

1 ストラップの長さが3種類から選べるカード入れ 250元　**2** 携帯電話に合わせてさまざまなサイズを用意する携帯ケース 490～690元　**3** 手書きのイラスト入りポーチやペンケースは 350～380元

幅広い世代に愛される レトロ可愛い雑貨屋さん

レトロな絵をプリントしたファブリックやレザーの小物がいっぱい。どことなくシャビーな色使いが印象的。もともと屋台で人気の雑貨を販売し、雑貨店が集まる西門紅樓に出店。立ち上げメンバーは美術に心得のある人ばかりだったとあって、店内装飾はすべてスタッフでデザイン。オリジナルやセレクトの雑貨には、さりげなく台湾らしさが入っているので、使うたびに台湾旅行を思い出せそう。

店長　**昌麗琴**（ちゃん）さん

毎年、違うデザインのはがきを作っています。この本を見て来た方にプレゼントいたします。

進駐品牌 自做自售創意供賣局
じんずーぴんぱい　じぞーじそーつぁんいごんまいじ

Ad　台北市萬華區成都路10號
Tel　02-2314-5513
営　14:00～21:30(金・土曜日～22:00)
休　月曜日
HP　https://www.facebook.com/zzzs2005?fref=ts
Ac　MRT板南線・松山新店線「西門」駅から徒歩1分
他　─
日　不可

レトロな模様があれこれ入って選ぶのが楽しい缶バッジ。小30元、中40元、大50元で、大・中・小と3種類購入すれば100元とお買い得

乙女的memo　かわいいポーチを使い分けて、バッグの中を楽しくしちゃおう

野菜家
～焼野菜ばる～

やさいや　～やきやさいばる～

中心部エリア

淡水信義線　松山新店線
中山駅

飲食　体験　雑貨

店内はカウンター席のみ。オーナーが日本人なので会話も安心だ

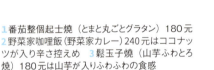

1 番茄整個起士燒（とまと丸ごとグラタン）180元
2 野菜家咖哩飯（野菜家カレー）240元はココナッツが入り辛さ控えめ　3 鬆玉子燒（山芋ふわとろ焼）180元は山芋が入りふわふわの食感

オーナー　佐藤和哉（さとうかずや）さん

日本では食べられない台湾の野菜を使用した料理をおいしいお酒とともにぜひ味わってください

台湾の地場野菜を新感覚の料理で楽しむ

日本人オーナーが手がける野菜料理メインのレストラン。和・洋問わず、台湾ならではの野菜を使ったオリジナル料理を楽しめる。ワインをはじめ、料理にピッタリのお酒も多数あり、日本酒も常備している。

番茄整個起士燒は、トマトにスパイスの効いたピリ辛のご飯を入れたグラタン。野菜家咖哩飯は日本のカレー粉を使用し、どこか和を感じさせる人気メニューだ。

野菜家～焼野菜ばる～
やさいや　～やきやさいばる～

Ad 台北市中山區林森北路119巷74號
Tel 02-2541-9068
営 18:00～翌1:00　休 日曜日
HP https://www.facebook.com/yakiyasaibar?pnref=lhc
Ac MRT淡水信義線・松山新店線「中山」駅から徒歩10分　他 予約可、15席、喫煙可、料金目安 約800元　日 可

店内はシンプルな厨房とバーカウンターの設計。店のガラス戸には日本語のメニューもある。カウンター席で台湾野菜の逸品を楽しもう

🍷 乙女的memo　オーナーの母がベジタリアン、父がお酒好きだったのが開店のきっかけ

安達窯

あんだーやう

中心部エリア

飲食　体験　雑貨

淡水信義線　松山新店線
中山駅

作家が手がける陶器が並ぶギャラリー兼ショップ。貴重な一点ものも多い

1 茶器一式を布に包んでセットに。持ち運びや保管に便利。プレゼントにもなりそう。1,990元　2 ふたにカエルをあしらった茶器のセット 1,350元　3 ふたで蒸らしてお茶を入れる絵が美しい茶器。2,300元

伝統的な陶磁器を集めた本格派におすすめの器店

陶磁器で有名な北部のまち「鶯歌」で4店舗を構え、約30年の歴史を持つ器の専門店。陶器は台湾でも古くから続く伝統工芸。決して派手ではないがしっかり存在感を放つ作品を作り続けている。台湾で陶磁器といえば茶器が重要。そこで、店内には大きな木製のテーブルを置き、お茶を提供している。実際に台湾茶を楽しみながら使い心地を確かめられるようにという気遣いも心憎い。

店長　孫若屏さん

台湾のおいしいお茶を味わいにいらしてください。素敵な茶器にも出合えますよ。

安達窯
あんだーやう

- Ad 台北市中山區中山北路二段11巷11-1號
- Tel 02-2567-3121
- 営 11:00〜21:00
- 休 旧正月
- HP http://www.anta.com.tw
- Ac MRT淡水信義線・松山新店線「中山」駅から徒歩10分
- 他 一　日 可

陶磁器たちの表情が映えるよう、やさしい灯りに照らされる店内。豊富な茶器は見ごたえ十分。台湾旅行の思い出を日本でも楽しめそう

● 乙女的memo　上質な茶器がいっぱい。きれいな器に囲まれながらお茶が飲めるのもいいね

蘑菇台北中山本店
shop | cafe' | meal

もーぐー　たいぺいぞんさんべんてん

淡水信義線　松山新店線
中山駅

ナチュラルな雰囲気の空間に、さりげなく飾られた商品。日常使いのイメージが膨らむ

1 肌にやさしい100%オーガニックコットンのTシャツ 950元　**2** バックインバッグが付いた使い勝手のいいショルダー 1,800元　**3** 森を思わせるテキスタイルの化粧ポーチ 680元

天然の素材を大切にした人と環境にやさしい雑貨

天然素材を利用した手染めの生地で作るアイテムやオーガニックコットン製品など、環境にやさしい雑貨ばかりを揃えるショップ。ナチュラルな雰囲気のデザインは、丁寧な暮らしにぴったり。台湾独特のちょっと変わった草花や動物がデザインされたアイテムは、ほかでは手に入らない個性派。Tシャツやワンピース、ストール、バッグなどのファッション小物からポーチやジャムなども揃う。

店長　林品含(りん)さん

ぜひ、このショップで台湾の宝物を探してください！楽しみにお待ちしています！

蘑菇台北中山本店 shop | cafe' | meal
もーぐー　たいぺいぞんさんべんてん

- **Ad** 台北市大同區南京西路25巷18-1號
- **Tel** 02-2552-5552
- **営** 10:00～21:00（金・土曜日～22:00）
- **休** 毎月最終水曜
- **HP** http://www.mogu.com.tw/index.php
- **Ac** MRT淡水信義線・松山新店線「中山」駅から徒歩5分
- **他** ―
- **日** 不可

素材も色使いもどこかやさしげなファッションアイテムが並ぶ店内。ゆとりのあるディスプレイで一つひとつの表情を引き出す

乙女的memo　環境に配慮した人と地球にやさしいアイテムは色使いにも心が和む

東門鴨莊

どんめん　やーざん

中心部エリア

淡水信義線 中和新蘆線
東門駅

シンプルだが清潔感が漂う店内。香港料理に台湾テイストをプラスしたメニューが人気だ。

1 五福拼盤（5種盛り合わせ）600元　2 叉焼飯（チャーシューライス）85元は2種の肉がトッピングされている　3 港式煲湯（香港風スープ）80元は人気の薬膳スープ

香港料理を台湾のテイストで楽しむ

台湾で香港料理が楽しめるレストラン。先代のオーナー夫人が香港出身だったことから、この店をオープンした。

五福拼盤は、鶏肉のほか、アヒル肉、チャーシュー、香港風ソーセージ2種が一度に楽しめる人気のメニュー。また叉焼飯は、麦芽糖を使用した少し甘めのチャーシューと白米との組み合わせがクセになる一品。港式煲湯は濃厚な味わいの薬膳スープだ。

店長　高（がお）さん

古きよき伝統の味をこれからも新しい形で提供していきます。皆さまのご来店をお待ちしております。

東門鴨莊
どんめん　やーざん

- Ad 台北市中正區金山南路一段134號
- Tel 02-2321-8877
- 営 10:00～20:00
- 休 なし
- HP http://525257.com.tw/product/
- Ac MRT淡水信義線・中和新盧線「東門」駅から徒歩3分　他 予約不可、19席、禁煙、料金目安 約180元　日 不可

ランチメニューの商業特餐120元は、4種の肉がワンプレートに入ったチャーシューライスで値段もリーズナブル

🔹 乙女的memo　通り沿いにある大きな看板が目印。ランチタイムにも利用したい

繡花房

しょうふぁふぁん

衣装のほか、手作りの可愛らしい小物も多数取り揃えている

飲食　体験　雑貨

淡水信義線 中和新蘆線
東門駅

❶布包（バッグ）750元は手刺繍で作られた自慢の一品　❷綉花棉 T-shirt（花コットンのTシャツ）1000元はチャイナチックな柄が多数ある　❸旗袍（チャイナドレス）1980元

お土産にピッタリの伝統的な刺繍アイテム

漢民族をはじめとする中国の各民族の衣装や装飾品などを販売する店。伝統的な中国刺繍をほどこしたバッグや衣装が手ごろな価格で購入できると地元でも高い人気を誇る。布包はハンドメイドで台湾の伝統絵柄である花を刺繍したもの。旗袍は若者向けにデザインされたもので、タイツなどを合わせ、現代風にアレンジすることも可能。ハイセンスなお土産やお友達へのお土産にもピッタリだ。

店長　蔣淑娟（じゃん）さん

ハンドメイドの本格刺繍をあしらった商品を多数取り揃えています。ご来店お待ちしております。

繡花房
しょうふぁふぁん

- **Ad** 台北市永康街31巷8号
- **Tel** 02-2393-5608
- **営** 12:30~21:30
- **休** なし
- **HP** なし
- **Ac** MRT淡水信義線・中和新盧線「東門」駅から徒歩5分
- **他** 一　**日** 不可

伝統的なものばかりではなく、若い人が使い易いようにアレンジしたアイテムも多数用意している。値段が手ごろなのが嬉しい

43

🌸乙女的memo 福羊挂件（福呼ぶヤギの飾りもの）220元は干支にちなんだ人気商品

Loopy 鹿皮

るーぴー

中心部エリア

飲食　体験　雑貨

🚉 淡水信義線
雙連駅

手作りの棚にレイアウトされたユニークな商品の数々。リピーターも多い

1 倒車雷達背包（レーザーリュックサック）1,880元　2 圍巾手套福袋（マフラーと手袋のセット）980元。マフラーは一度洗濯すると柔らかな肌触りに　3 北風帽（北風ぼうし）1,350元（左）

可愛らしくユニークなオリジナル雑貨

オーナー夫妻が学生時代に創業し、「商品を作る自分たちが本当に欲しくなるような可愛いく、おもしろい商品」をテーマにオリジナルの雑貨を販売している。店内インテリアも手作りにこだわり、ほぼ自分たちで制作した。

倒車雷達背包は珍しい丸型のリュックサックで、刺繡はアヒル、蝙蝠など数種ある。北風、太陽帽はグリム童話「北風と太陽」をテーマに制作した人気商品だ。

スタッフ　周（ぞう）さん

「買ってもらうための商品」ではなく「自分たちが本当に欲しくなる商品」がモットーです。

Loopy 鹿皮
るーぴー

- **Ad** 台北市赤峰街41巷2-4號2樓
- **Tel** 0934-026-955
- **営** 13:00〜20:00（金、土曜日は〜21:00）
- **休** なし
- **HP** https://www.facebook.com/loopy
- **Ac** MRT淡水信義線「雙連」駅から徒歩4分
- **他** ー
- **日** 不可

店舗は2階にあり、台湾式の昔ながらの鉄製ドアを開け入店する。休憩用のソファーも用意されている

乙女的memo　ゆっくりとくつろいで見てもらえるよう店内にはソファーを設置

夏樹甜品（大稻埕店）

しゃーすーてんぴん

中和新蘆線
大橋頭駅

シンプルにデザインされた店内。設計もすべて店長が行ったとか

1 杏仁雪花冰 自選3樣料80元はトッピングを3種選ぶことができるカキ氷 2 杏仁燒 自選3樣料65元は杏仁のスープ 3 雪耳杏仁豆腐（杏仁きくらげスープ）65元は柔らかな杏仁豆腐との相性が抜群

店長 江俊諺（じゃん） さん

大稻埕には古きよき町並みが残っています。是非この情緒溢れる町を体感しに来て下さい。

厳選食材を使い身体に優しいスイーツを

手作りにこだわり、「身体によくてシンプルなスイーツ」をモットーとしている店。人気の杏仁豆腐冰は杏仁の種子から手作りで調理した100パーセント杏仁のカキ氷に滑らかな杏仁豆腐を載せたもの。また、身体に優しい味わいの杏仁燒は、ホット、アイスのどちらでも注文が可能。また、コラーゲンたっぷりの白キクラゲを使った雪耳杏仁豆腐もオススメの人気商品だ。

夏樹甜品（大稻埕店）
しゃーすーてんぴん

- Ad 台北市大同區迪化街一段240號
- Tel 02-2553-6580
- 営 10:30〜18:30
- 休 火曜日
- HP http://www.summertreesweet.com/index.html
- Ac MRT中和新蘆線「大橋頭」駅から徒歩10分
- 他 予約不可、禁煙、料金目安 約70元
- 日 不可

杏仁豆腐冰 自選2樣料85元は、トッピング2種が選べるカキ氷。古の街並みを散策するお供にぜひ

🔵 乙女的memo　メニューはどれも無添加。食材もできるだけ自らが選んでいる

中心部エリア

尋藝廬
しゅんいーるー

店内には店主自ら中国で買い付けてきた伝統の刺繍商品がズラリ

飲食　体験　**雑貨**

淡水信義線 中和新蘆線
東門駅

1 幸福平安小鞋（幸せのお守り靴）150元　**2** 手工刺繡包（手縫い刺繡バッグ）12,800元　**3** 臺灣蝴蝶蘭手工皂（台湾胡蝶蘭手づくり石鹸）150元は天然由来の素材のみを使ったもの。お土産にぜひ

店長　Maggie さん

時間のゆっくり流れる尋藝廬で、伝統工芸品の趣を体感しにきて下さい。お待ちしております。

中国の伝統工芸を時間を気にせず堪能

中国から取り寄せた手縫いの刺繡商品をメインに販売する店。店内は壁のいたる所に、刺繡や手染めの大きな布を飾り、昔ながらの中国伝統の家具に商品を陳列している。

幸福平安小鞋は、中国で女の子の幸せを願い、小さな靴を履かせる風習からヒントを得た可愛らしいこの店オリジナルのお守り。手工刺繡包は、現在ではなかなか手に入らない貴重な逸品だ。

尋藝廬
しゅんいーるー

Ad　台北市永康街2巷12号
Tel　02-2393-0900
営　11:00～21:00
休　なし
HP　なし
Ac　MRT淡水信義線・中和新蘆線「東門」駅から徒歩1分
他　ー　　不可

外観はガラス張りで店内の様子が見て取れる。入り口右手はバッグコーナーで店内の奥には中国小物を陳列している

🌸 乙女的memo　台湾ではなかなか手に入らない商品がここなら見つかるかも

大来小館

だーらーしあおぐあん

中心部エリア

飲食 体験 雑貨

淡水信義線 中和新蘆線
東門駅

多くの飲食店が建ち並ぶ永康街で店を構え20年。地元の人々にも愛されている店

1 滷肉飯（台湾風そぼろご飯）小30元／中50元　2 拼盤 (盛り合わせ／雞捲、烤香腸、茄子鑲肉、滷豬肚片) 660元　3 櫻花蝦炒竹筍（桜海老のたけのこいため）280元

台湾家庭料理を味わうならココ！

昔ながらの台湾家庭料理が味わえる店。名物の滷肉飯は、煮込んだ豚挽き肉をご飯にかけたもので、そのさっぱりとした味わいは、地元のコンテストで入賞を果たした自慢の一品。

拼盤は、鳥肉巻き、揚げ台湾ソーセージ、ナス炒め、豚肉の煮込みスライスなどをワンプレートで楽しめるこの店の人気メニュー。台湾の家庭料理を体験するならはずせない名店だ。

店長　蘇（すう）さん

昔ながらの台湾家庭料理を提供しているお店です。日本の皆さんもぜひ一度味わってみてください。

大来小館
だーらーしあおぐあん

Ad 台北市永康街7巷2号1階
Tel 8862-2357-9678
営 11:00〜14:00、16:30〜21:00
　（土・日曜日は11:00〜21:00）
休 なし　HP http://www.dalaifood.com/
Ac MRT淡水信義線・中和新盧線「東門」駅から徒歩3分
他 予約可、81席、禁煙、料金目安 約100〜130元
日 不可（日本語メニュー有）

名物の豚肉そぼろご飯は懐かしさを感じる味だ。永康街近くの麗水街にも支店がある

> 乙女的memo　新鮮なイカを使った炸花枝巻（イカ揚巻）380元もぜひ

LaReine
ら・れーぬ

飲食 / 体験 / 雑貨

中和新蘆線
行天宮駅

中心部エリア

予約はホームページから。サロンの住所は予約確定後に連絡がくる

1 ポーセラーツ体験1000元。絵のほか、名前などの文字を入れることもできる　2 茶器のほか、皿や徳利など様々な陶器の体験も可能　3 気持ちのいい空間でポーセラーツ体験を

自分オリジナルのテーブルウェア制作を

ポーセラーツとは、磁器に絵が描かれた転写紙（シート）を貼ったり、彩色などを行い、オリジナルのテーブルウェアを制作すること。「LaReine」はインストラクターの資格を持つ店長が、日本で人気のポーセラーツを台湾に広めるため開いたサロンだ。

茶器のポーセラーツ体験は、100種類ほどの絵柄のなかから好きなシートを茶器に貼り付け、電気窯で焼き上げて完成となる。

店長　丸谷昌子（まるや）さん

美味しいお茶とお菓子をご用意してお待ちしております。会話をしながら体験を楽しみましょう。

LaReine
ら・れーぬ

- Ad 「行天宮」駅近辺（予約の方にだけ別途連絡）
- Tel 0978-701-378
- 営 不定
- 休 なし
- HP http://ameblo.jp/maharo888/
- Ac MRT中和新盧線「行天宮」駅
- 他 予約必須、禁煙
- 日 可

体験の所要時間は2時間ほどだが、絵柄の定着に時間がかかるため、商品の引渡しは翌々日となる

🔵 乙女的memo　サロンの備品はすべて日本から輸入したものを使用しているこだわり

Column.1 コラム1

奥深い台湾の交通網 使いこなして旅の達人に！

日本から台湾へ飛行機で！その ほとんどが、台湾桃園国際空港への到着便となるはず。しかし台湾初心者には、それが一番頭を悩ますところ。なぜなら桃園から台北市内までは距離があって、このルートはバスでの移動がポピュラーだから。（ツアーであれば、ホテルからの送迎バスが待っているので、その心配は無い）この、桃園からのバスが、漢字だらけのアウエーな国へ入国してすぐのハードルになっちゃいます。お勧めは空港ターミナルから「國光交通」で台北駅ま

で向かうバス路線。こちらは所要時間約1時間で、125元とリーズナブル。乗り込む際にバスの下部の荷物入れにスーツケースを預けることができ、荷物の半券を貰い出発！到着すると半券と荷物を引き換える。とれが桃園空港からの基本移動。他のルートとして、台湾に出張の多いビジネスマンや旅慣れた方が使う、台北松山空港への空路も便利。こちらは東京羽田空港からとなるが、空港直結のMRT駅もあるし、市内ホテルへはタクシーで10分程度、200元程度の移動で済むので、週末旅行などの数日滞在の際は移動の時間

を短縮出来るので検討してみては？

台北市内の移動は地下鉄「台北捷運・MRT」の移動が楽チン。日本と同様に路線ごとに色分けされ、SUICAの様な交通カード「悠悠卡（ゆうゆうかー）」、乗り放題になる1DAY、3DAYカードなどもも用意されていて、駅の窓口や部コンビニで購入やチャージが出来る優れもの。本書ではMRTでの移動を基本にしているので、是非乗りこなして下さい!!

タクシーでの移動は日本より安く（市内での店舗間などの移動であれば100〜250元程度）、気軽に利用が出来ます。でも運転手によっては、地図を見て貰っても、なかなか目的地を理解してもらえないなんて事も。そんな時は、地図上の目的地近くの通りの名前を指差ししてみよう。台湾で場所を伝える時は、南北の通りの名と東西の通りの名の2つ

を言う事が多いためです。

他にも台北から南にある台湾第2の都市「高雄市」を結ぶ新幹線の「台湾高速鉄道・THSR」や国内を一周する「台湾鉄道・TRA」、市内を縦横無尽に駆け巡るバス網など、慣れると簡単に乗りこなす事が出来るのも魅力。MRT 文湖線「動物園」駅にて乗り換えるロープウェイ「猫空」で、山林の絶景を味わいながら山頂駅でおいしい台湾茶を味わえば、気分は台湾交通網の達人かも。

東区 エリア

台北の銀座とも呼ばれる東区
ショッピング中心に立ち並ぶビルへ

🚇 **信義安和駅**
Destino 妳是我的命運（P80）

🚇 **台北101/世貿駅**
好丘 Good Cho's（P70）

🚇 🚇 **忠孝復興駅**
美好年代 Belle Époque（P74）
blahblahblah（P76）

🚇 **忠孝敦化駅**
Lomography Gallery Store（P56）
齊民市集有機鍋物（P66）
好樣餐桌 VVG Table（P60）
G-LOVE（P58）
聽見幸福音樂盒（P64）

🚇 **國父紀念館駅**
mr.hair（P82）

🚇 **市政府駅**
Foufou&friends shop（P62）
LIHO 禮好（P72）
Wiz 微禮（P78）

🚇 **科技大樓駅**
Le Vert thé 綠茗堂（P68）

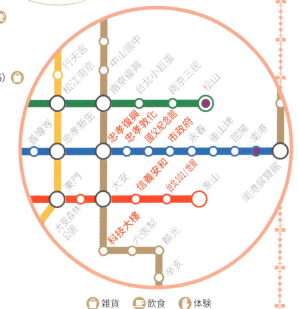

雑貨　飲食　体験

Lomography Gallery Store

ろもぐらふぃー　ぎゃらりー　すとあ

東区エリア

飲食　体験　雑貨

板南線
忠孝敦化駅

木箱をイメージしたディスプレイ棚に色とりどりのロモ関連商品が並ぶ

1 レンズに装着すると背景に星やハートの光が浮かぶ「Petzval lens」19,990元～　**2** レンズ交換できる機能満載のポラロイドカメラは3,690元～　**3** 潜水ケース装着で水深20mまで撮影できる魚眼レンズカメラ2,990元～

台湾地区取締役　牛仔（にょうじい）さん

世界各国にあるショップですが、台湾店にしかない雰囲気をぜひ体感しに来てください。

元祖トイカメラがずらり 台湾で唯一のロモ直営店

2010年にオープンした台湾唯一のロモグラフィー直営店。機能からデザイン、カラーまでバリエーションの豊富さは、直営店ならでは。ウッドボックスを使った店内の家具や空間設計は、オーストリア人がデザイン。グローバルメーカーとして世界共通の雰囲気を大切にしながらも、台湾ローカルのテイストも楽しめる。製品に付属されている説明書は日本語にも対応しているので安心して購入できる。

56

Lomography Gallery Store
ろもぐらふぃー　ぎゃらりー　すとあ

- **Ad** 台北市大安區敦化南路一段187巷35號
- **Tel** 02-2773-6111
- **営** 14:00～22:00
- **休** 旧正月大晦日、旧正月
- **HP** http://www.lomography.tw/
- **Ac** MRT板南線「忠孝敦化」駅から徒歩4分
- **他** ―
- **日** 不可

だれでも手軽にかわいい写真が撮影できるトイカメラの代名詞ロモ。楽しいロモグラフィーライフを台湾旅行から始めてみては?

❶乙女的memo これだけ一度にいろんな種類のLomoが見られるところは日本でもなさそう!

トレンドに敏感な若者をターゲットにした店内は、スタイリッシュなレイアウト

G-LOVE
じーらぶ

飲食 体験 **雑貨**

板南線
忠孝敦化駅

1 ゆったり着られるロゴ入りTシャツは厚手のコットンを使用。770元　**2** 手描きのイラストがかわいいマグカップ。479元　**3** 着けるとパンダになっちゃう!? ユニークなパンダ型の保湿&美白パック。1枚49元。

スタッフ　**小莉**さん
しゃおりい

ここでしか見つからない商品をたくさん揃えています。日本の方もよく訪れるG-LOVEへようこそ！您好！

台湾の流行を先取りするオリジナルブランド雑貨

10代から30代の流行に敏感な世代をターゲットにしたオリジナルブランド。天井の高い店内には、ペーパーアイテムからアパレル、コスメまで個性あふれる商品がずらり。とくに豊富なアパレルは、メンズ、レディースともにトータルでコーディネートできる。素材にもこだわり、上質感が漂うのにリーズナブルな価格設定がうれしい。デザイン性の高いおしゃれ雑貨を選ぶなら足を運びたい1軒。

G-LOVE
じーらぶ

Ad	台北市忠孝東路四段169-1号
Tel	02-8771-9702
営	11:00〜22:30
休	なし
HP	なし
Ac	MRT板南線「忠孝敦化」駅から徒歩3分
他	ー
日	不可

白と木目を組み合わせたシェルフをあたたかみのあるダウンライトが照らす雑貨コーナー。すっきりとディスプレイされ、選びやすさも満点

59

❶乙女的memo　個性豊かな雑貨がいっぱい。ほかでは見られないスタイリッシュなデザインも

好樣餐桌
VVG Table

はおやん　つぁんずぉ　びーびーじてーぶる

飲食　体験　雑貨

🚇 板南線
忠孝敦化駅

東区エリア

松露炸蛋搭配翠綠鮮蘆筍（トリュフと爆弾卵に新鮮なアスパラを併せて）320元

1 燉烤海麗魚佐綠番茄與節瓜, 微苦煮汁（焼スギにグリーントマトソースを添えて）680元　**2** 油封風乾番茄與沙丁魚花園沙拉搭配鯷魚橄欖油醋醬汁（ドライトマトとサーディンのサラダ）360元　**3** 蘋果蛋糕佐白蘭地奶油醬汁（ブランデークリームソースのリンゴケーキ）220元

公關　小哈さん
しゃおはぁ

ぜひこの店オリジナルのフランス料理とともにゆったりとした時間を楽しんでください。

都会の喧騒を離れゆったりとした時間を

2005年開業のフレンチレストラン。「都会の喧騒を離れ、ゆったりとくつろげる店」をコンセプトにしている。

メニューはトラディショナルなものが中心で、「燉烤海麗魚佐綠番茄與節瓜，微苦煮汁」は、日本ではあまり馴染みのないスギを使ったムニエル。蘋果蛋糕佐白蘭地奶油醬汁は柔らかなスポンジにリンゴスライスを載せたブランデーの華やかな香りが人気のデザートだ。

好樣餐桌 VVG Table
はおやん　つぁんずぉ　びーびーじてーぶる

Ad 台北市忠孝東路四段181巷40弄14號
Tel 02-2775-5120
営 12:00～21:00
休 旧正月
HP https://www.facebook.com/vvgteam
Ac MRT板南線「忠孝敦化」駅から徒歩5分
他 予約可、50席、分煙、料金目安 昼約400元・夜約550元　**🈶** 不可

長テーブルや黄色いランプなども「ゆったりと流れる時間」を演出するためのもの。旬の食材を使った料理がゆっくり楽しめる

🍊乙女的memo　料理にピッタリのワインも各種取り揃えているので、記念日にも利用したい

Foufou&
friends shop

ふぉうふぉう　あんど　ふれんず　しょっぷ

飲食　体験　**雑貨**

 板南線
市政府駅

店内のカウンターは船の形をイメージしたもの。可愛らしいアイテムが所狭しと並ぶ

1 不繡鋼保溫保冷瓶（ステンレス保温瓶）350ml は 880元で種類も多彩　**2** 家飾木製品（木製小物入れ）580元は笑った熊がモチーフ　**3** iPhone/ 手機包 - 帕帕 520元は手作りの iphone カバー

台湾オリジナル！イタズラ好きのウサギ

ウサギをモチーフとした可愛らしいオリジナル雑貨を取り揃える。「Foufou」とはフランス語で「愉快で面白い人たち」という意味のこと。イタズラ好きのウサギが描かれたオリジナルアイテムは、台湾でも大人気だ。

不繡鋼保溫保冷瓶は、絵柄も多数ある大人気のステンレス製保温瓶。ほか、ノートやTシャツからタオル、トートバックまで多彩な「Foufou」アイテムがズラリ。

店員　曹晏瑄（つぁお）さん

台湾オリジナルのデザインです。可愛いもの好きの皆さん、ピッタリのアイテムを探しましょう。

Foufou&friends shop
ふぉうふぉう　あんど　ふれんず　しょっぷ

- Ad 台北市菸廠路88號2樓
- Tel 02-6636-5888 内線1619
- 営 11:00~22:00
- 休 なし
- HP http://foufou.shop.rakuten.tw/
- Ac MRT板南線「市政府」駅から徒歩7分
- 他 ー
- 日 不可

東区エリア

ウサギに囲まれた店内には、お土産にピッタリのお手ごろ価格で可愛らしいアイテムがズラリ。

🔸乙女的memo 「暮らしにちょっとした笑いをもたらすアイテム」がこの店のテーマ

聽見幸福音樂盒

てぃんじぇんしんふーいんいえーへー

飲食　体験　雑貨

板南線
忠孝敦化駅

種類豊富なオルゴール類は、置物から壁掛けまで。どれにしようか迷ってしまうほど

1 ドイツの老舗メーカー FLADE の数量限定手作りの木製オルゴール。24,500元　**2** 自分でデザインできる手作りオルゴールは1,500元から　**3** 口から煙を出すドイツ伝統のお香炊き木製人形は2,250元から

ヨーロッパ伝統の技法を大切にするオルゴール店

ドイツやスイスの老舗から取り寄せる世界観あるオルゴールの専門店。木製が多く、木のぬくもりがあたたかみを醸し出すオルゴールが豊富。職人がひとつずつ手作りするオルゴールが並ぶ店内は、まるで美術館のよう。音色を確かめながら選ぶことができる。また、店内にはオルゴールの手作りコーナーがあり、商品に囲まれながらスタッフと一緒に自分だけのオルゴールを製作することができる。

店長　陳（ちぇん）さん

自分だけのオルゴールを手に入れられるよう、オルゴールを手作りしています。

聽見幸福音樂盒
てぃんじぇんしんふーいんいえーへー

- **Ad** 台北市大安區忠孝東路四段170巷19號
- **Tel** 02-8773-3913
- **營** 11:00〜21:30（日曜日〜20:00）
- **休** 第三日曜日
- **HP** https://www.facebook.com/merry.melody
- **Ac** MRT板南線「忠孝敦化」駅から徒歩5分
- **他** 一
- **日** 可

木製の人形型オルゴールが並ぶ様子は圧巻。スノーボールのオルゴールは旅の記念にもぴったり。コレクターにはたまらない品ぞろえ

❗ 乙女的memo　思い出の曲を使った世界にひとつだけのオルゴールを手作りしちゃおう

齊民市集有機鍋物

じーみんすーじーようじーごーうー

東区エリア

● 飲食 ○ 体験 ○ 雑貨

板南線
忠孝敦化駅

家族で食事を楽しむにはピッタリのお店。駅から徒歩5分とアクセスも抜群だ

1 爐烤蕃茄澳洲牛小排湯（焼きトマトの欧州ビーフスープ）98元 **2** 尚青A農場季節時蔬籃（尚青A農場の季節野菜鍋）98元 **3** 包鮮包甜海鮮盤（シーフード鍋）188元は旬の魚介類を使用する

スタッフ　謝（しえ）さん

新鮮な野菜を使ったヘルシーなオーガニック鍋を食べにぜひ齊民市集にいらして下さい！

台湾産の有機野菜を心ゆくまで堪能

有機栽培の野菜にこだわったレストラン。メインで使用する台湾北東部・宜蘭南澳農場の野菜は、農場から毎日直送している。

爐烤蕃茄澳洲牛小排湯は、ヨーロッパ産の有機ビーフを焼きトマトと共に2時間煮込んだ人気メニュー。尚青A農場季節時蔬籃は、宜蘭南澳農場の野菜のみを使用した鍋で、使用する食材は2ヶ月ごとに変更し、旬の味わいが楽しめると評判だ。

齊民市集有機鍋物
じーみんすーじーようじーごーうー

- **Ad** 台北市忠孝東路四段216巷33弄15號
- **Tel** 02-2772-5123
- **営** 11:30～14:30、17:30～22:00（土・日曜日11:30～22:00）　**休** なし
- **HP** https://www.facebook.com/qiminmarket
- **Ac** MRT板南線「忠孝敦化」駅から徒歩5分
- **他** 予約可、47席、禁煙、料金目安 約300元
- **日** 可

店の中心にはコの字型のカウンターがあり、調理の様子が間近に見ることが可能。新鮮な野菜を心ゆくまで堪能できる

❶乙女的memo　正黑豬狆心肉（正黑豚肉スライス）136元もオススメの一品

Le Vert thé
綠茗堂

らゔぁーて　りゅーみんたん

飲食　**体験**　雑貨

文湖線
科技大樓駅

中国茶の作法を丁寧に学ぶことができると、日本人にも人気が高い

1 日月潭紅茶 550元　**2** ギフトボックスは各種お茶の詰め合わせ。値段はお茶の種類により異なる　**3** 茶道具オーガナイザー 7,800元はお茶を入れるための道具一式が綺麗に整理整頓できるすぐれもの

日本語で中国茶についてレッスンを受けられる店

台湾の高級茶をパッケージにもこだわり販売しているほか、茶器も取り揃える。店名は「緑茶」という意味のフランス語が由来。中国茶レッスンは、講師がお茶の産地や、外観、特徴、お茶の淹れ方をレクチャーするもので、茶器の選び方から道具の説明、お茶の保管方法などを約2時間、丁寧に教えてくれる。価格は人数により変わり1人の場合は3000元、2人では1800元／人円となる。

ティーコンサルタント
本藤靖子 さん
ほんどう

日本語で納得のいく中国茶の説明が聞けるということで好評をいただいております。

Le Vert thé 綠茗堂
らゔぁーて　りゅーみんたん

- **Ad** 台北市大安區臥龍街1號 9F-2
- **Tel** 0936-037-545
- **営** 13:00〜17:00
- **休** なし
- **HP** http://www.levertthe.com/
- **Ac** MRT文湖線「科技大樓」駅から徒歩6分
- **他** 3日前までの予約必須、8席、禁煙
- **日** 可

日本語による中国茶レッスンの料金は3人で1,500元/人、4人で1,300元/人。5人以上は要相談となる

乙女的memo 中国茶レッスンの参加者には素敵なプレゼントを提供中

店内は故郷を感じさせる様な懐かしいイメージでデザインされた

好丘 Good Cho's
はおちょう

飲食　体験　雑貨

淡水信義線
台北101／世貿駅

1

2

3

1 四季果茶 熱（ホットフルーツティー）160元
2 毎日一盤（日替わりプレート）280元はオーダーに迷ったときにオススメのセット　3 手繪玻璃水杯（手書きコップ）450元

東区エリア

カフェと生活雑貨のユニークな組み合わせ

地元の食材にこだわった軽食が楽しめるカフェと、可愛らしい生活雑貨がメインのショップが融合したユニークな店。店名の「Good Cho's」は「Good choice」から名づけられた。

毎日一盤は、サラダ、日替わりのおかず、2～3種のベーグル、スープなどがセットになった大満足のメニュー。四季果茶は、季節の果実を使った女性に人気のフルーツティーだ。

スタッフ　寒吉（はんじい）さん

毎週日曜日の13:00〜19:00には野外で「Simple Market」という市場もやっています。ぜひいらしてください。

好丘 Good Cho's
はおちょう

Ad　台北市信義區松勤街54號
Tel　02-2758-2609
営　10:00~21:30(L.O. 20:00)、土・日曜日9:00~18:30
休　第一月曜日
HP　https://www.facebook.com/goodchos
Ac　MRT淡水信義線「台北101／世貿」駅から徒歩3分
他　土・日曜日・祝日は要予約、80席、禁煙、料金目安 約250元　日 可

チキンをシナモンや八角などの煮汁に一日漬け込んだ清香油味拼盤（さっぱり煮込みプレート）100元などフードメニューも充実している

🔸乙女的memo　クレンジングなどのフェイスケア用品も販売している

LIHO 禮好

りーほー

東区エリア

雑貨　体験　飲食

🚆 板南線
市政府駅

真鍮製の時計やアクセサリーをずらりと並べるコーナー。選ぶのが楽しくなりそう

1 どれも異なる雰囲気の絵柄で作られたハンドメイドのパスポートケース。450元　**2** さまざまな柄のプリント布で作った携帯ケースは520〜580元　**3** デザイナーのペットがキャラクターの「キーケース」780元

ハイセンスが光るハンドメイドの雑貨たち

店名の「リーホー」は台湾の言葉で「こんにちは」と同じ音。フレンドリーなスタッフが迎える店内は、気軽に楽しく雑貨選びが楽しめる。写真や台湾の古い新聞などをプリントした布を使用するハンドメイド雑貨にセンスが光る。デザイナーの愛犬をモチーフにしたキーホルダーや真鍮製の小物など、店内にはさまざまなテイストが。普段使いできる身近な小物が多く、便利なアイデア商品も。

スタッフ　**金薫華**（じん）さん

さまざまなハンドメイドの商品が集まっているショップです。宝物を探しに来てください。

LIHO 禮好
りーほー

- Ad 台北市菸廠路88號2樓 (松菸誠品)
- Tel 02-6636-5888 内線1666
- 営 11:00〜22:00
- 休 なし
- HP https://www.facebook.com/2013liho
- Ac MRT板南線「市政府」駅から徒歩7分
- 他 一
- 日 可

ディスプレイに使われている家具はデザイナーが各所から集めてきたもの。商品に合わせてレトロな雰囲気になるよう、インテリアをコーディネート

乙女的memo　シャビーなインテリアにディスプレイされた雑貨は表情が引き立つ印象

東区エリア

美好年代
Belle Époque

めいはお にぇんだい べる えぽっく

飲食　体験　雑貨

板南線　文湖線
忠孝復興駅

ヨーロッパから取り寄せた家具がくつろぎの空間を演出している

1 珍珠奶茶鬆餅（タピオカミルクパンケーキ）230元　**2** 香料雞肉蝴蝶麵（香味チキンファルファーレパスタ）250元　**3** 蟹肉明太子奶油意大利麵（カニ明太子クリームパスタ）260元

台湾風のオリジナルワッフルをぜひ

元々、イタリアンを提供していたが、デザートが好評でカフェスタイルの店にリニューアル。ワッフルを台湾風に仕上げたタピオカワッフルは、紅茶風味のパンケーキとタピオカが絡み合い、まるで食べるタピオカミルクティーのような味わいだ。店内は店長が渡欧して選んだ家具を使った、どこかノスタルジーを感じさせる落ち着いた雰囲気に。デザートのほか、ソースにこだわった各種パスタもオススメ。

部長　夏銀鵬（しゃーいんぽん）さん

ここでしか味わえない当店自慢の「食べるタピオカミルクティー」をぜひ一度体験してみてください。

美好年代 Belle Époque
めいはお にぇんだい べる えぽっく

- **Ad** 台北市大安區大安路一段52巷23號
- **Tel** 02-2775-3393
- **営** 11:00〜22:00
- **休** なし
- **HP** https://www.facebook.com/MeiHaoNianDaiBelleEpoque
- **Ac** MRT板南線・文湖線「忠孝復興」駅から徒歩5分
- **他** 予約可、70席、喫煙可、料金目安 約300元
- **日** 不可

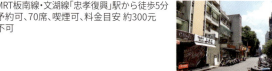

經典OREO鬆餅(スペシャルオレオワッフル)250元はオレオそっくりのパンケーキ。アイス、生クリームと一緒にいただく

🔸乙女的memo　店内は学生時代にデザインを学んでいた店長が自分で設計した

blahblahblah
ぷらぷらぷら

東区エリア

飲食　体験　**雑貨**

板南線 文湖線
忠孝復興駅

1

3

2

この店の商品はすべて店長ともう一人のデザイナーが制作している

1 托特先生（トート先生のトートバッグ）5,480元は牛革の質感を大切にした一品　**2** 雙面大包（リバーシブル布バッグ）2,480元　**3** 無花果（項鏈）（いちじくのネックレス）1,680元は一点もの

完全ハンドメイドの可愛らしいアイテムたち

2005年にオープンしたハンドメイド専門店。布製のバッグをメインにアクセサリーや衣類などを販売している。

店内は古材を使用し、スタイリッシュながらも温かみを感じさせる雰囲気に。人気の雙面大包はリバーシブルの布製バッグで、同じデザインのものは4～5個ほどしか制作しないため、早めの購入を。また皮製の托特先生は、シンプルなデザインで人気が高い。

店長　陳怡珊（ちえん）さん

当店の商品はどれも心込めて手作りしたオリジナルです。お気に入りの一品を見つけにぜひ足を運んでください。

blahblahblah
ぷらぷらぷら

- **Ad** 台北市復興南路一段30巷5號
- **Tel** 02-2779-0608
- **営** 14:00~22:00
- **休** 月・火曜日
- **HP** https://www.facebook.com/pages/blahblahblah/302260911560?sk=info
- **Ac** MRT板南線・文湖線「忠孝復興」駅から徒歩15分
- **他** －　**日** 可（少し）

店内のデザインや調度品もすべて店長がセレクト。こだわりがぎっしりとつまった空間だ

🔸乙女的memo　落ち着きのある店内には、ちょっとひと休みできる椅子も用意されている

Wiz 微禮

うぃず うぇいりー

東区エリア

飲食　体験　雑貨

板南線
市政府駅

アメリカンテイストを取り入れたオリジナルの雑貨が並ぶ店内はポップで色鮮やか

1 繊細な仕事を施したブックキープは1つ100〜140元
2 フォルムが微妙に異なるフクロウのマグカップ488元〜540元　3 モダンなアートとヨーロッパのレトロなデザインをミックスしたガラス製のフラワーベース150元

大切な人に贈りたくなるカラフルな雑貨がずらり

デザイン会社「パラダイス・デザイン」が手がけるショップ。国内外から集めた雑貨は欧米のテイストを取り入れたアートなものが多く、ポップな店内をぐるりと見渡すだけで、楽しい気分にさせてくれる。にぎやかな場所にあっても、ゆったりと雑貨選びができるようにと、広々とした空間とはがきを書くコーナーを用意しているから、大切な人へのギフト選びにも最適なショップ。

マネージャー natalie さん

一番大切なプレゼントは愛。だから、心のこもったアイテムをセレクトしています。

Wiz 微禮
うぃず うぇいりー

Ad 台北市忠孝東路五段71巷30號1F
Tel 02-2767-9945
営 11:00〜21:00（日曜日12:00〜20:00）
休 なし
HP https://www.facebook.com/WizGift?ref=ts&fref=ts
Ac MRT板南線「市政府」駅から徒歩3分
他 ― 日 可

愛くるしい表情の動物たちをプリントしたクッションや小物類など、毎日そばに置いて使いたくなるアイテムがいっぱい

乙女的memo 花や鳥、動物などを描いた雑貨がいっぱい！テイストもいろいろ

Destino
妳是我的命運

ですてにーお　にーすーうぉでみんいん

東区エリア

飲食　体験　雑貨

淡水信義線
信義安和駅

食材やインテリアにヨーロッパのテイストを取り入れ、先進的なもてなしを提供

1 タコとトマトを炭火で焼いた「碳烤章魚佐主廚辣醬」350元。**2** 野菜やリンゴに漬け込んだ豚肉のステーキは580元。**3** サラミとイチゴを合わせた色も可愛い「ストロベリーリゾット」320元

日常使いも特別な日にも都会的な空間で本格洋食を

ヨーロッパ各地で買いそろえたインテリアに囲まれるおしゃれな空間で、フレンチやイタリアンのテイストを盛り込んだ洋食が味わえる。台湾では珍しい生ガキやイチゴを使った料理も豊富。台湾人の口に合うよう、食材独特の臭みを消すなど、下ごしらえにも決して手を抜かない。もちろん、台湾独特の食材も使用し、東南アジアの香辛料を隠し味にするなど、多様な味わいが楽しめる。

店長　李 (り) さん

アジアとヨーロッパが融合した料理をぜひ味わいに来てください。ご意見もお待ちしています。

Destino 妳是我的命運
ですてにーお　にーすーうぉでみんいん

- **Ad** 台北市大安區仁愛路四段300巷20弄12號
- **Tel** 02-2702-2033
- **営** ランチ11:30～14:30、ティータイム14:00～17:00、ディナー18:00～22:30　**休** なし
- **HP** https://www.facebook.com/DestinoTaipei
- **Ac** MRT淡水信義線「信義安和」駅から徒歩7分
- **他** 予約可、60席、分煙、料金目安 約300～500元
- **日** 可

スタイリッシュな空間の中にブルーのイスがアクセントとなって親しみやすさも。ひとつずつ吟味されたヨーロッパの家具はセンスの良いものばかり

乙女的memo ストロベリーを使ったリゾットはほんのりピンク色でテンション上がりそう

mr. hair

みすたーへあー

東区エリア

板南線
國父紀念館駅

飲食　体験　雑貨

清潔感漂う店内にはビビッドな色使いのアイテムが並ぶ

1 活力滿點頭皮潔淨液（サニーボーイ/Vitality Scalp Cleanser）380元/130ml　2 謎彩洗髮精（DIY シャンプー）220元/200ml　3 俏皮忍賀輕盈護髮素/Mr. 忍者（All in One Cocktail）880元/330ml

講師　Shally さん

この店に来られたすべてのお客様に楽しく体験してもらえたらと思います。ご来店お待ちしています。

髪と地肌に優しいオリジナルシャンプー

髪と地肌に優しい天然由来の素材のみを使った無添加のヘアケア用品などのオリジナルヘアケア用品を販売する。それぞれの商品には、その効能を示す可愛らしい「髪仔（ヘアーキッズ）」のイラストが描かれている。

白を基調とした店内は、カラフルなシャンプーが店内装飾の一部となり、楽しげな雰囲気。自分好みの色や香りを選べるシャンプーの製作体験も行っている。

---

mr. hair
みすたーへあー

- Ad 台北市光復南路280巷23號1樓
- Tel 02-2711-9737
- 営 12:30~21:30
- 休 なし
- HP http://www.mrhair.com.tw
- Ac MRT板南線「國父紀念館」駅から徒歩2分
- 他 予約不可、喫煙可
- 日 可（少し）

シャンプーのほか、コンディショナーやボディーウォッシュもオリジナルのものを製作することが可能だ

❶ 乙女的memo 「俏皮忍賀輕盈護髪素/Mr. 忍者」はコンディショナーとしても使える人気商品

Column.2

知る程に悩ます 台湾文化にまつわる謎！

なひとときを…そんな時の飲み物はもちろん地元の台湾ビール！でもこのサンドイッチ、何でも戦前に日本から製造法が伝わったとの事で、日本人にもなじみの深いビールなのです。そんなビールをお店で飲む時のルールがあります。それは「店内の冷蔵庫から勝手に持って来る」というもの。会計時はテーブルの空ビンの数を店員さんがカウント！この謎のセルフシステムを知っていないと、いつまでも台湾ビールにありつけなくなっちゃいます…。

謎その1・台湾ビール

地元の「台湾料理屋熱炒（るーつぁお）」で小皿料理を並べ、幸せ

謎その2・恐怖のサンドイッチ

「台湾人は朝食が大好き！」とお友達から教わった。「そうなんだー」と台湾に来て、その奥深さにびっくり！昔ながらの台湾料理から、おしゃれなカフェメシまで、朝のみのレストランまでありました。その中で驚いたのが「サンドイッチ（三明治）」。専門店に行くと、カウンターにチーズや野菜サンド、見た事の無い台湾風サンドまで、びっしりと並んでいて価格もお手頃の10元から。食べようとした瞬間に大笑い…なんと、パン全てが一体化！分厚い4枚のボリュームサンドなのです。これには何故か見ただけでお腹いっぱいな気分になります。

謎その3・バイクは何処へでも

台湾人は移動の手段にスクーターを良く利用します。朝や夕方の通勤ラッシュ時は交差点をバイクの群れが占領、信号が青になるとレースの様に一気にスタート！…台湾の日常の風景がとっても面白い。その中に、バイクで何でも運ぶ人を良く見ます。山ほどの段ボールから、テレビや冷蔵庫、ガスボンベまで運んでいるなんて人も。ここまで来ると後部座席に彼女を乗せて交差点ごとにイチャイチャしているカップルがいても、気にならなくなっちゃいます。

南部 エリア

都会に残る古い街並みの南区
いにしえの街の中に素敵な隠れ家が

🚇 **景安駅**
承薪企業有限公司（P94）✋
私藏不藏私（P98）🛍

🚇 **台電大樓駅**
Bambi Bambi brunch（P88）☕
紫藤廬（P92）☕
找到魔椅（P86）🛍

🚇 **公館駅**
福悅彫金教室（P100）✋
羊毛氈手創館（P90）✋

🚇 **景美駅**
Bravo Burger 發福廚房（P96）☕

🛍 雑貨　☕ 飲食　✋ 体験

找到魔椅

じゃおだお　もーいー

飲食　体験　雑貨

🚇 松山新店線
台電大樓駅

ヨーロッパのものながら、どこか懐かしさを感じさせる商品が多い

1 古老手風琴鍵該改造之音樂盒（オールド鍵盤オルゴール）4,000元　2 東徳老玩偶（東ドイツの人形）3,000元　3 早期醫院新生兒澡盆（新生児用バスタブ）20,000元はフランスのもので陶器で作られている

ヨーロッパのアンティークがズラリ

ヨーロッパの1930年～1960年代の古い美術品や家具、おもちゃなどを取り扱う店。10年前のオープンで、店名は「とても素敵」を意味するオランダ語の「モーイ」が、中国語の「魔法の椅子」と発音が似ていることから名づけた。商品はすべて店長自らがヨーロッパから輸入しており、古い映画からインスピレーションを受けセレクトしたものが多い。

責任者　簡銘甫（じぇん）さん

古きよき商品を多数取り扱っています。懐かしい雰囲気漂うアイテムをぜひ見に来てくださいね

找到魔椅
じゃおだお　もーいー

Ad 台北市大安區泰順街16巷4號
Tel 02-2365-1952
営 13:00～21:00
休 なし
HP https://www.facebook.com/mooitrouve
Ac MRT松山新店線「台電大樓」駅から徒歩10分
他 ー
日 不可

南部エリア

約60年前の日本統治時代から残る和風建築をリノベーションして使用。昔の間取りをそのまま生かして、洋風・和風の雰囲気を融合させている

🟢 乙女的memo　歴史を感じさせる瓦屋根の建物はすぐ見つかるはず

Bambi Bambi brunch
ばんび ばんび ぶらんち

南部エリア

飲食 体験 雑貨

松山新店線
台電大樓駅

店内は壁の絵のほか、いたるところにバンビが登場し可愛らしい雰囲気に

1 老奶奶家傳香料肉排（おばあちゃんの香味ステーキ）は飲み物付きで270元 **2** 紅酒傳奇（赤い海の伝説）180元はトマトソースのシーフードリゾット **3** 現烤肉桂蘋果派（焼きたてシナモンリンゴパイ）180元

可愛いらしいバンビと家庭的なサービスが人気

店長の娘さんがディズニー映画「バンビ」のファンだったことからバンビをモチーフに2012年にオープンした店。「老奶奶家傳香料肉排」は、ステーキのほか、パンやスクランブルエッグ、飲み物がセットになったお得な一品。また、「現烤肉桂蘋果派」は、リンゴとシナモンクリームを焼き上げ、アイスクリームとキャラメルソースを添えた女性に人気のデザートだ。

スタッフ　Ann さん

どのメニューも味に自信があります。台湾の温かみのあるサービスをぜひ体験してみてください。

Bambi Bambi brunch
ばんび ばんび ぶらんち

- **Ad** 台北市大安區浦城街11號
- **Tel** 02-2363-1106
- **営** 11:30～21:30
- **休** なし
- **HP** http://www.facebook.com/bambibambi2012
- **Ac** MRT松山新店線「台電大樓」駅から徒歩6分
- **他** 予約可、70席、分煙、料金目安 約350元
- **日** 可

フードのほか、左岸咖啡歐蕾（カフェオレ）170元や甘さ控えめの焼きマシュマロダージリンミルクティー 200元などドリンクも充実している

🌿 乙女的 memo　外の壁にも描かれた可愛らしいバンビがお店の目印

羊毛氈手創館

やんまおざんそうつぁんくぁん

南部エリア

飲食　体験　**雑貨**

松山新店線
公館駅

見て、触って、ホッとするようなユニークなアイテムがそろう

1 生活小幇手系列（生活お手伝いシリーズ、全9種類）150元　**2** 羊毛氈蔬果筆套（羊毛フェルトのフルーツ鉛筆入れ）450元　**3** 羊毛氈室內鞋（羊毛フェルトの室内履き）1,800～2,580元

手作りの良さを伝える可愛らしいアイテムたち

「ナチュラル・ハンドメイド・暖かさ」をコンセプトに羊毛などの繊維を使った手作りにこだわったアイテムを販売する。店内は羊毛フェルトの鮮やかな色彩を際立てるために、黒と白の二色でシンプルに統一した。

手作りの良さを伝えるために、簡単なアイテムを製作する体験教室も3名以上900元から実施している。日本語OKの講師もいるので安心だ（要予約）。

店長　**吳靜芬**（うー　ざん　ふぇん）さん

手作りこそが生活の本質だと考えています。手作り体験プログラムも充実していますよ

羊毛氈手創館
やんまおざんそうつぁんくぁん

- **Ad** 台北市新生南路三段60巷9號
- **Tel** 02-33653302
- **営** 13:00～21:00
- **休** 日・月曜日
- **HP** http://www.feltmaking.com.tw
- **Ac** MRT松山新店線「公館」駅から徒歩8分
- **他** 予約可、禁煙
- **日** 可（少し）

象のUSB入れ、ライオンのミニ鏡、おサルの磁石セットなど、自宅やオフィスで活躍するアイテムがズラリ!

乙女的memo 外観の大きなガラス窓が目印。店内はまるで美術館のような雰囲気だ

紫藤廬
つーてんるー

南部エリア

飲食　体験　雑貨

松山新店線
台電大樓駅

台湾の伝統的な作法でお茶の香りと味を楽しめる。1回目はスタッフがお手本を披露

1 オーガニックを含め種類豊富な茶葉を販売。220～400元　**2** お茶にもっともよく合う人気のお菓子「緑豆ビスケットケーキ」80元　**3** 自家製のお菓子を楽しみながらゆっくり台湾のお茶が味わえる

日本人建築の古民家が台湾伝統茶のカフェに

小さな茶器でお茶の香りと味を堪能するのが台湾伝統のスタイル。そんな本格台湾茶をゆったりと味わえるカフェ。好きな茶葉を選び、お湯を何度も注いで、香りの変化を楽しめる。日本人には高級ウーロン茶「高山茶」が人気とか。お茶だけでなく、アジアンテイストの料理も提供。日本統治時代に日本人建築家が手がけた古民家を使用し、趣のある雰囲気で特別な時間が過ごせそう。

店長　李絲妮さん

ゆっくりとした時間の中でお茶やお食事を楽しめるお店です。ぜひ足を運んでください。

紫藤廬
つーてんるー

- **Ad** 台北市新生南路三段16巷1號
- **Tel** 02-2363-7375
- **営** 10:00〜23:00
- **休** なし
- **HP** http://www.wistariateahouse.com
- **Ac** MRT松山新店線「台電大樓」駅から徒歩12分
- **他** 予約可、100席、禁煙、料金目安 お茶 約300元・食事 約340元　**日** 可

台湾ではなかなか見られない伝統的な日本家屋でお茶や料理が味わえる。ヘルシー志向の料理が多く、ベジタリアン用の料理も用意。茶器や茶葉も販売

乙女的memo おままごとのような小さな茶器はどれもかわいくて購入したくなりそう

承薪企業有限公司

ちぇんしん　ちーいぇーようしぇんごんし

南部エリア

飲食　体験　雑貨

🚉 中和新蘆線 景安駅

店内は中国結びの完成品のほか、素材となる糸などが所狭しと並ぶ

1 五色線（五色カラー糸）75～85元を使った装飾はお守りとしても使われる　**2** 中國結線（中国糸）130～150元は自社製で高品質　**3** 水染珠（手染めビー玉）200元はあえて色ムラを残し風合いを出している

中国伝統の「中国結び」を体験できる専門店

長い歴史を誇る中国結びの材料の販売や体験を行っている店。中国結びとは糸（紐）を使った装飾で、現在はインテリアのほか、ブレスレットやストラップなどとして親しまれている。
「腕輪中国結び」体験は、作るデザインを決めた後、材料をセレクトし、講師と一緒に紐を結んでいく。制作時間は10～30分ほどで、料金は100～200元とリーズナブルに体験できる。

社長助手　楊宜榮（やん）さん

店に講師が常駐していますし、短時間で完成します。長い歴史を誇る中国結びを体験してください。

承薪企業有限公司
ちぇんしん　ちーいぇーようしぇんごんし

- Ad 新北市中和區健康路103號
- Tel 02-2222-2300
- 営 9:00～18:00
- 休 日曜日
- HP http://www.cxe.com.tw/
- Ac MRT中和新盧線「景安」駅から徒歩25分
- 他 予約不可、禁煙
- 日 可（少し）

ブレスレットにオススメの糸はシルク。この店では高品質のタイ産シルクを取り扱っている

🟢 乙女的memo　今後、中国結びの作り方動画をホームページに掲載する予定

Bravo Burger 發福廚房

ぶらぼー　ばーがー　ふぁーふーちゅーふぁん

松山新店線
景美駅

飲食　体験　雑貨

アメリカンな雰囲気漂う店内。記念撮影をする人も多いとか

1 花生醬牛肉火烤漢堡（ピーナッツクリームビーフバーガー）250元　2 痲婆豆腐雞肉火烤漢堡（マーボー豆腐直火バーガー）280元　3 OREO巧酥奶昔（オレオクリスピースムージー）130元

アメリカと台湾が融合した新たな味をぜひ

2006年にオープンした、アメリカンテイストたっぷりのバーガーショップ。店内はスパイダーマンなどのキャラクターグッズのほか、アメリカから輸入したアイテムが各所に置かれる。

「最良のものを食べて欲しい」というポリシーから、料理はすべてオーダーを受けてから調理を始める。痲婆豆腐雞肉火烤漢堡はアメリカと台湾のテイストが融合した新感覚の一品だ。

スタッフ　劉（りゅう）さん

台湾とアメリカを融合させた、当店オリジナルの料理と空間をぜひ楽しみにいらして下さい。

Bravo Burger 發福廚房
ぶらぼー　ばーがー　ふぁーふーちゅーふぁん

- **Ad** 台北市文山區景美街5巷8號
- **Tel** 02-2934-6088
- **営** 11:30~22:00
- **休** なし
- **HP** https://www.facebook.com/bravoburger.tw
- **Ac** MRT松山新店線「景美」駅から徒歩2分
- **他** 予約可、150席、分煙、料金目安 約300元
- **日** 可

台湾の若者が集うスタイリッシュな店内で、ビッグサイズの台湾式ハンバーガーをいただく

🟢 乙女的memo　今回紹介の景美店を含め市内に系列店が4店舗ある人気のカフェ

可愛らしい雰囲気の店内でゆったりとした時間を過ごせる

私藏不藏私
しーざんぶざんす

飲食 体験 **雑貨**

中和新蘆線
景安駅

南部エリア

❶ 抹茶紅豆鬆餅（抹茶あずきワッフル）188元は自家製の小豆を生地に練りこんだもの ❷ 自製手工皮件（手作り皮雑貨）2990元 ❸ 手工生活陶器（手作り陶器コップ）860元、攪棒（マドラー）は170元

オーナーセレクトの可愛らしい小物をぜひ

革製品の製作が趣味だったオーナーが、制作依頼が殺到したことからオープンさせた店。ハンドメイドの皮製品のほか、飼い猫の「money」がきっかけで猫グッズも販売するようになり、また、ひと息ついてもらえるようにとコーヒーを提供すると、これも人気となり、現在はデザートも取り揃えている。店内はアットホームな雰囲気で、じっくりと商品を見ることができる。

オーナー　林明志（りん）さん

ウチの名物猫「money」に会いにぜひ来て下さい。猫をモチーフとした商品もたくさんありますよ。

私藏不藏私
しーざんぶざんす

- Ad 新北市中和區景安路167巷6號
- Tel 02-8943-3173
- 営 13:00~21:00（休日・祝日は11:00~）
- 休 月曜日
- HP https://www.facebook.com/Coffeelisten
- Ac MRT中和新蘆線「景安」駅から徒歩2分
- 他 予約可、イートインコーナー25席、禁煙
- 日 可（少し）

白と水色がテーマカラーの店内には、いたるところに小物や雑貨が並べられている

99

🌱 乙女的memo　Bruschetta（普切塔）套餐（ブルスケッタのセット）260元もぜひ

南部エリア

福悦彫金教室

ふーゆぇーでぃあおじんじあおす

飲食　**体験**　雑貨

松山新店線
公舘駅

アートな工芸作品の制作体験に没頭すれば、日頃の悩みも吹き飛んでしまいそう

1 レクチャーを含めて約2時間で完成する小銭入れ700元　**2** 好きな模様を彫り込んで色付けするメガネ入れは1,900元　**3** 瑠璃を使ったバッグは5時間をかけて作る本格派。2,800元〜

没頭するのが気持ちいい アートな工芸作品に挑戦

革小物やシルバーアクセサリー、真鍮製の装飾品など、さまざまな伝統工芸品の手作り体験が楽しめる。人気のオリジナル革製カード入れの制作体験は、所要時間3〜4時間で料金は1250元。革に彫刻を施して好きな色に染めてから縫い合わせる。職人さん指導のもと、思い思いのアイテム作りに夢中になること間違いなし。時間を忘れて物作りに没頭することが、心と体を癒してくれる。

店長　**福田佳洋**（ふくだ）さん

台湾旅行の中で半日時間があれば、レザークラフトや油絵、彫刻などに挑戦してください。

福悦彫金教室
ふーゆぇーでぃあおじんじあおす

- **Ad** 台北市中正區羅斯福路四段160號
- **Tel** 02-2367-2014
- **営** 10:00〜22:00
- **休** なし
- **HP** http://www.asiaarts.com.tw/about.html
- **Ac** MRT松山新店線「公舘」駅から徒歩6分
- **他** 要予約、禁煙、定員40人
- **日** 可

作業場は工芸品のサンプルがディスプレイされる。いろいろ見てイメージをふくらませてからデザインに挑戦できる

🟢 乙女的memo 自分で作れちゃうなんて！先生が教えてくれるから初心者でも挑戦できる

Column.3

夜のにぎわい台湾料理店
食べて飲んで、仲間と愉しむ！

台北の街の中を歩いているとひと際目立ち、人々が集っている飲み屋が台湾式料理店、通称「熱炒（るーつぁお）」。店の外まで出ているテーブルに多くの地元の人々が呑みかわしている風景を見ると、気が引けちゃうけど、頑張って、その中に飛び込んでみましょう！店内に入ると店員さんが「何人か？」と必ず聞いてくれるので、指で人数をジェスチャー。コラム2（84P）の通り、飲み物は自分で冷蔵庫から持って来るセルフスタイル。「グラス下さい（やお、べいずぅー）」とグラスを貰い、台湾ビールで乾杯をする頃には、きっと緊張感がなくなるハズ。

メニューの料理名横の空欄に「正」の字で欲しい数を書き込んでいく。小皿料理とはいえ、お店によってはそこそこのボリュームがあるので、とり一皿位を目安に頼むとちょうど良いかも。

「熱炒（るーつぁお）」の名物といえば、その名の通り、炒め物から始まる中華料理。台湾独特な野菜の炒め物から、辛い肉料理、アサリスープやトマトのオムレツ。どれもニンニクが効いていて食欲倍増。頼みすぎて残しそうになったら、「持ち帰りたい！（たいつおー）」と言ってみよう。お持ち帰りのパックなどを出してもらえます。お腹いっぱいなのにその安さにびっくりしちゃうかも。「台湾行ったら、太っちゃった」なんてならない様に！

メニューは当然台湾語。たまに英語や日本語のメニューを用意しているお店もあるけど、ここは「郷に入れば郷に従え」で、想像を膨らませながら「にらめっこ」。日本語や英語が話せるスタッフも多いので、気軽に声をかけてみましょう。ちなみにスタッフを呼ぶ時は、「すみません（ぶぁーいーす）」と紙の

スープやチャーハンなどの他に、ひ

その他エリア

ちょっと足をのばして遠いエリアへ
ローカルな雰囲気に台湾の歴史を感じる

🚉 **中山國中駅**
久大文具 復北門市（P106）🛍

🚉 **松山機場駅**
RICH CAKE（P116）☕
朵兒咖啡館（P112）☕

🚉 **西湖駅**
飯 Bar（P104）🍽

🚉 **文德駅**
李雪辣嬌（P108）🍽

🚉 **石牌駅**
草山金工 Grass Hill Jewelry（P110）✋

🚉 **北投駅**
CHARM VILLA 子村莊園（P114）🛍

🛍 雑貨　🍽 飲食　✋ 体験

飯Bar
ふぁんばー

その他エリア

飲食　体験　雑貨

🚇 文湖線
西湖駅

スタイリッシュな空間で伝統とモダンが融合した台湾料理が堪能できるダイニング

1 オススメ4品をワンプレートに盛り合わせた「飯Bar 菜菜盤」488元は前菜としてどうぞ。　2「骰子丁丁裏蝦球」358元。中身はエビとイカのすり身。　3「美人茶與東坡肉」428元。豚肉の角煮と東風美人茶のセット

モダンなダイニングで台湾料理の真髄を味わう

「古き良き台湾料理の味と、創作料理の融合」をテーマにした、スタイリッシュなレストラン。「すべての料理は生きている」をモットーに、伝統に自由な発想をプラスした美食を提供。話題のレストランとして人気を博している。台湾料理に大陸やヨーロッパのテイストを盛り込み、食器や盛り付けにも洗練されたセンスが光る。豊富なワインと一緒に台湾料理が楽しめ、お腹も心も満たしてくれる。

共同創業者　曾紹謙（そん）さん

誠意と情熱をもって、日本からいらっしゃるすべてのお客様をお迎えいたします。

飯Bar
ふぁんばー

- **Ad** 台北市內湖區內湖路一段360巷2號
- **Tel** 02-2799-5199
- **営** 11:30〜14:30、17:30〜21:30
- **休** なし
- **HP** https://www.facebook.com/funbar27995199
- **Ac** MRT文湖線「西湖」駅から徒歩5分
- **他** 予約可、禁煙、料金目安 昼約550元・夜約650元
- **日** 不可（英語可）

大きな窓から明かりが入る店内には、円卓やソファー席、永テーブルなどさまざまな席を用意。清潔感あふれる中で、最高の料理をいただく

乙女的memo　ドレスコードはないけれど、ちょっと大人っぽいファッションで出かけたい

久大文具 復北門市

じょうだ　うぇんじゅ　ふーべいめんす

その他エリア

文湖線
中山國中

商品が選びやすいように、レイアウトにも気を使っている

1 台灣請泡茶（ティーパック）190元　**2** 知音台灣特色紙膠帶（知音台湾オリジナル紙テープ）28～36元　**3** 3D雷射DIY材料包（3Dレーザー手作りキッド）144元はお土産にピッタリ

企画部　何珮綺（ふぅ）さん

斬新なデザインの小物を取り揃えています。居心地の良い店ですのでぜひいらしてください。

40年以上の歴史を誇り、台湾っ子のみならず、海外からの観光客も多数訪れる文具・雑貨店。台湾の商品のほか、輸入雑貨も数多く取り揃えている。

広々とした明るい店内には、日常使いにピッタリの可愛らしいアイテムがズラリ。「清潔感のある店内に」という思いから、商品レイアウトにも配慮している。ユニークなデザインの台灣請泡茶は、お土産として人気だ。

海外観光客に人気の文具・雑貨店

久大文具 復北門市
じょうだ　うぇんじゅ　ふーべいめんす

- **Ad** 台北市中山區復興北路356號
- **Tel** 02-6617-9099
- **營** 10:00~22:00
- **休** なし
- **HP** http://www.9ta.com.tw/
- **Ac** MRT文湖線「中山國中」駅から徒歩1分
- **他** 不可

その他エリア

李雪辣嬌
りーしぇーらーじあお

飲食　体験　雑貨

文湖線
文德駅

古き良き中国の伝統と心地よいモダンが融合したレストラン。気軽に利用できるスタイル

1 防腐剤を一切使用しない自家製豆板醤で作る本格麻婆豆腐 228元　**2** 中はビックリ！チョコレートの小籠包。デザート感覚で楽しんで。220元　**3** 自家製の唐辛子ソースを効かせた「李雪オリジナル煮込み牛肉」488元

唐辛子本来の香りを重視
本格四川料理レストラン

ボックス席や個室を設える中華レストランで本格四川料理が味わえる。おいしさの決め手となる豆板醤や唐辛子ソースは、すべて自家製。防腐剤などを使用せず、唐辛子本来の香りや風味をそのまま体感できる料理に仕上げている。中国伝統の味を大切にしながらも、チョコレートを使った小籠包など新しい味も提供。若者から年配まで、料理の味と店の雰囲気を楽しみに訪れるリピーターが多い。

社長　李雪（り）さん

台湾で、素材、味ともに本格的な四川料理が味わえます。ぜひ、皆様でお越しください。

李雪辣嬌
りーしぇーらーじあお

Ad 台北市内湖區瑞光路106號1樓
Tel 02-7720-6168
営 11:30〜14:30、17:30〜21:30
休 なし
HP http://www.dancing-chili.com.tw/
Ac MRT文湖線「文德」駅から徒歩15分
他 予約可、100席、禁煙、料金目安 約500〜800元
日 不可

金箔をあしらった小龍包には、アワビやエビ、ホタテなど贅沢な海鮮を使用。受賞歴もある同店自慢の小龍包は味合う価値の高い一品。600元。

● 乙女的memo 台湾人デザイナーが手がけるランプや木彫りの壁などインテリアにも注目！

草山金工
Grass Hill Jewelry

つあおさんじんごん　ぐらす　ひる　じゅえりー

飲食　体験　雑貨　🚉 淡水信義線 石牌駅

その他エリア

蕾絲系列戒指（レースシリーズ）は色が3種あり、値段は990元とお手ごろ

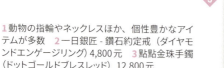

1 動物の指輪やネックレスほか、個性豊かなアイテムが多数　2 一日銀匠 - 鑽石約定戒（ダイヤモンドエンゲージリング）4,800元　3 點點金珠手鐲（ドットゴールドブレスレッド）12,800元

110

1点もののオリジナルジュエリーをぜひ

指輪やブレスレットなどのアクセサリーを制作する工房で、販売のほか、職人の養成も長年に渡り行っている。

数種ある体験のひとつである「銀戒（銀製指輪）」制作は、好きなデザインを選んだ後、成型、銀のシートに文字を打ち込み、研磨し完成となる。価格は1800元ほど。制作時間は2〜3時間ほど。世界でひとつだけのオリジナルを自分の手で作ってみよう。

講師　李孟珂（り もうか）さん

草山は四季をはっきりと感じることのできる、自然豊かな場所。ぜひ一度いらっしゃってください。

草山金工 Grass Hill Jewelry
つあおさんじんごん　ぐらす　ひる　じゅえりー

Ad 台北市士林區中山北路七段57號2樓（天母本店）
Tel 02-2875-5077
営 10:00~21:00
休 なし
HP http://www.grasshill.net/
Ac MRT淡水信義線「石牌」駅から徒歩25分
他 予約必須、禁煙
日 不可

ジュエリーはオーダーメイドすることも。系列店は台北市市内に2店あり、購入が可能

🌸乙女的memo　ダイヤモンドエンゲージリングを自分で制作することもできる

朵兒咖啡館

どーえーかーふぇいかん

映画の雰囲気そのままの空間でゆったりとした時間を過ごせる

飲食 体験 雑貨

 文湖線
松山機場駅

1 三明治（サンドイッチ）180元 はベーコンとチキンの2種類 **2** 朵兒果醬＋英式鬆餅（オリジナルジャム＋イングランドワッフル）150元 はパイナップルのジャムが特徴 **3** 朵兒咖啡（朵兒コーヒー）170元

映画のカフェの雰囲気そのままに楽しめる店

ヒットした台湾映画「第36個故事」のセットとしてつくられたが、政府からのリクエストで実際に営業をすることになった異色のカフェ。外光をふんだんに取り入れた店内は、映画の美術スタッフによる制作のまま現在も使用されている。

デザートは日替わりで、ブラウニーのほか、チーズケーキやシフォンケーキなどが提供されている。ハンドドリップの朵兒咖啡（朵兒コーヒー）も人気だ。

店長 李 り さん

撮影から6年経ちますが、今でも映画「第36個故事」が好きでこのカフェを訪れる方がたくさんいます。

朵兒咖啡館
どーえーかーふぇいかん

- **Ad** 台北市松山區富錦街393號1F
- **Tel** 02-8787-2425
- **営** 10:00~21:00
- **休** なし
- **HP** http://www.bit-films.com/page_cafe.php
- **Ac** MRT文湖線「松山機場」駅から徒歩20分
- **他** 予約可（月～木曜日）、40席、禁煙、料金目安約300元　**日** 不可

映画「第36個故事」はある姉妹がオープンしたカフェで起こる様々な物語を描いたもの。邦題は「台北カフェ・ストーリー」でDVD化されている

🌸 乙女的memo　特大カップの熱拿鐵（ホットラテ）170元も定番メニューとして人気がある

CHARM VILLA 子村荘園

ちゃーむびら　ずーつんざんいえん

その他エリア

飲食　体験　雑貨

 淡水信義線
北投駅

ショッピングをしながらアーティスティックな空間そのものも楽しんで

1 まんまるく空に浮かぶ雲をイメージしたコースター。6枚1,580元　2 カップの中で金魚が泳いでいるように見える「小金魚茶包」1箱580元　3 不思議な質感の小鳥型箸置き1,580元

伝統と新しいアートを融合させた独特の世界

長い歴史の中で完成した伝統文化と柔軟性に富んだ新しいアートを融合させ、独特の魅力を持った商品をクリエイトするショップ。台湾にしかない高品質の木材を使った箸やコースターなど、こだわりの素材で洗練されたデザインの雑貨をプロデュースする。台湾茶の茶葉を金魚型に包んだティーバッグは大人気の商品。お茶の時間がさらに楽しくしてくれるから、お土産にもおすすめ。

副店長　蘇綵宸（すう）さん

私たちの世界観をぜひお楽しみください。みなさまのお越しを心からお待ちしています。

CHARM VILLA 子村荘園
ちゃーむびら　ずーつんざんいえん

- Ad 台北市北投區豐年路二段137號
- Tel 02-2891-0101
- 営 10:30〜19:00
- 休 日曜日
- HP http://www.charmvilla.com/
- Ac MRT淡水信義線「北投」駅から徒歩10分
- 他 ―
- 日 可

ショップのなかはまるで美術館のようなアートな空間。原木の切り株に商品をディスプレイするなど、店づくりには工夫がいっぱい

115

🌸 乙女的memo　ショップの入口から異空間を演出。美術館にいるような感覚になれる!

RICH CAKE

りっちけーき

飲食　体験　雑貨

文湖線
松山機場駅

シンプルながらも高級感が漂う店内。持ち帰り用の商品も販売している

1 皇家奶油雞（クリームチキン）270元は果物とコーヒーがセット　**2** 招牌RICH CAKE100元はこの店の看板メニュー　**3** 焦糖蘋果乳酪（キャラメルリンゴチーズケーキ）100元は女性に人気の一品

店長　鄭秀英さん（じゃん）

「Richcake」の味だけではなく、店の雰囲気を体感しにぜひ当店へ足を運んでみてください。

スタイリッシュな空間で優雅な時間を

店名の通り、2010年の開店当初はケーキのみの販売だったが、現在はフードも取り扱うカフェレストランとして営業している。

皇家奶油雞は、甘めのパンに鶏肉とキノコのクリームソースを合わせた人気メニューで、果物とコーヒーがセットに。招牌RICH CAKEは、カカオの香りが高い、甘さ控えめの高級チョコレートを使用した、この店一番のオススメケーキだ。

RICH CAKE
りっちけーき

- **Ad** 台北市松山區敦化北路222巷6弄2號
- **Tel** 02-2718-5800
- **営** 10:00(土曜日は8:00)~20:00
- **休** 日曜日
- **HP** https://www.facebook.com/My.RichCake?sk=info
- **Ac** MRT文湖線「松山機場」駅から徒歩5分
- **他** 予約可、36席、分煙、料金目安 約300元
- **日** 可

店内はテーブル席のほか、ゆったりくつろげるソファー席も完備。ケーキとコーヒーのセット200元もある

🔴 乙女的memo　シンプルな味わいの舞菇派（フランス風舞茸パイ）250元も人気

我愛的夜市

うぉ・あい・だ・いぇ・すー

夜市大好き

台湾がギューっと凝縮された「夜市」は台北の夜の定番！その街並みと人々のエネルギーに触れれば、もっと台湾を体感出来るハズ。市内数十ケ所ある夜市の中からビッグ3をご紹介。

台湾の夜市に到着すると、そのさと人の多さに圧倒されます。おそるおそる人の流れに入ってみると、食欲をそそる匂いがあちらこちらから漂い、一瞬でお祭り気分になるでしょう。お肉や魚などの焼き物や揚げ物、タピオカドリンクやかき氷などのデザート、野菜や果物、魚肉などの生鮮食品、射撃や輪投げ、くじ引きなどの屋台など・・・観光客だけでなく地元の人々も自由にその空間を楽しんでいます。まずは定番でお手頃な唐揚げなどに狙いを定めて、お友達同士でシェア！是非、台湾夜市の「買い食い文化」を味わってみて！

饒河街夜市

らお・ふー・じぇ・いぇ・すー

大きな寺院「慈祐宮（つよよぐん）」からの路地に店が連なる台北二番目の夜市。ストリートには、所狭しと飲食や雑貨店、エビ釣りや射的などの楽しい縁日屋台が続く。平日でも混雑する地元でも人気の夜市なので、早い時間に訪れて、お寺にお参りしてから楽しむのもおすすめ。

DATA
【最寄り駅】MRT松山新店線「松山」駅より徒歩5分
【営業時間】17:00頃~翌1:00頃
【休み】なし
【規模】往復歩いて約60分

花生蔴薯・ピーナッツ餅 /50元

胡椒餅・コショウ餅 /50元

現燙魷魚・イカの台湾ソース /120元

寧夏夜市
にょん・しゃー・いぇ・すー

台北の中心「中山区」にあり、地元の人々に人気の庶民派夜市。夜市専用の空間に屋台が100軒ほど並び、周辺の商店街も合わせてにぎわっている。グルメの屋台がほとんどなので、ディナーを早く切り上げてからがGOOD。地元のコアな夜市でローカル気分を味わってみては。

DATA
- 【最寄り駅】MRT淡水信義線「中山」駅より徒歩10分
- 【営業時間】17:00〜翌1:00
- 【休 み】なし
- 【規 模】往復歩いて約30分

蛋包蝦仁湯・蝦の半熟卵スープ /55元

芭樂・グァバフルーツのカット /35元

蚵仔煎・カキのオムレツ /65元

士林夜市
しー・りん・いぇ・すー

100年以上の歴史を持ち、圧倒的な大きさの台湾最大級の夜市。中でも地元で人気の士林市場の地下には約50軒ほどの台湾料理屋が連なり、何を食べるか悩んでしまう規模。広範囲なエリアの中にびっしりと屋台や店舗が展開していて、一夜では廻りきれない可能性も。

DATA
- 【最寄り駅】MRT淡水信義線「劍潭」駅より徒歩3分
- 【営業時間】17:00頃〜翌1:00頃
- 【休 み】なし
- 【規 模】ぐるっと歩いて約90分

豆冰・豆腐と白玉のカキ氷 /30元

熊手包・熊の手バーガー /65元

魷魚船・イカの唐揚げ /60元

スーパーマーケットは買い物・お土産天国

日本よりもはるかに物価の安い台湾。地元の人々が使っているスーパーマーケットでお土産選びは、定番中の定番！台北市内にたくさんあるスーパーマーケットの中から、行きやすくてきれいな「全聯福利中心・大安延吉店」をご紹介。日本では手に入らないレアものから、安く買うことの出来るお得品までいっぱいの店内！お土産もアイデアで、かしこくスーパーで揃えましょう！

義美巧克力球葡萄（グミ入りチョコレート・ぶどう、イチゴ味）23元、台湾で定番な食感と味

劉師傅蒜頭酥（台湾風フライドオニオン）53元、オニオン味の調味料として料理に使える。そのままでもOK

新東陽辣味肉醬（ピリ辛肉味噌缶詰）36元、肉味噌をごはんや麺と絡めていただく

オススメ

古寶蜂王漿面膜（ハチミツのパック）289元、濃厚なハチミツで、お友達もケアしてあげて

全聯福利中心（大安延吉店）
ちぇんりぇん ふーりー ぞんしん

- **Ad** 台北市大安區市民大道四段190號1樓
- **Tel** 02-2772-5870
- **営** 7:30～22:30
- **休** なし
- **HP** http://www.pxmart.com.tw/px/index.px
- **Ac** MRT板南線「國父紀念館」駅から徒歩8分
- **他** カード可
- 不可

台啤水果芒果（台湾ビール・マンゴー味）32元、ビールとマンゴーの組み合わせで爽快な味

台啤水果鳳梨（台湾ビール・パイナップル味）32元、こちらはパインの果汁入り。

※ 日本入国の際は合計1000cc以上のアルコールは課税対象なので注意

一百份芒果軟糖（マンゴーグミ）53元、濃厚なマンゴー味にびっくり、果汁入りの本格派

オススメ

孔雀餅乾（サクサククッキー）14元、台湾の子供に人気な定番クッキー、バター風味が隠し味

義美小泡芙草莓（ミニシュークッキー）26元、見覚えがあるようなあのお菓子、イチゴフレーバー

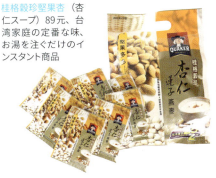

桂格穀珍堅果杏（杏仁スープ）89元、台湾家庭の定番な味、お湯を注ぐだけのインスタント商品

熊寶貝衣物香氛（熊ブランドの芳香剤・3袋入）73元、台湾で人気の芳香剤、ヒモで下げて使います

旅の便利 MEMO

このコーナーでは、旅をより快適にするアドバイスや万が一の時の連絡一覧をご案内します。安全な旅行のために、知っておきたい情報を少しだけお教えします！

旅行前に必ずチェック！！
外務省海外安全ホームページ（日本）
http://www.anzen.mofa.go.jp

パスポートの紛失・盗難
交流協会台北事務所
台北市慶城街28号通泰大樓1F
TEL 02-2713-8000

空港で困ったとき
台湾桃園国際空港
（観光局旅客サービスセンター）
TEL 03-398-2790（第1ターミナル）
TEL 03-398-3341（第2ターミナル）

市内で困った時
台湾観光局ホットライン
（言語：中・英・日／24時間）
TEL 0800-011-765
（フリーダイヤル）

観光局旅遊服務中心
台北市敦化北路240号
TEL 02-2717-3737

交通部観光局
台北市忠孝東路四段290号9F
TEL 02-2349-1500

台湾観光協会
台北市民権東路二段9号5F
TEL 02-2594-3261

緊急
警察（中国語）：110
救急・事故・火災など（中国語）：119

気候のアドバイス
春3〜5月　日中は30度を超えるが、夜は20度以下になる日も。Tシャツに軽めの長袖が良い
夏6〜8月　朝晩ともに30度を超える。一日中暑く、日焼け対策は充分に。室内、地下鉄ではびっくりする程エアコンが効いているので、長袖も必要
秋9〜11月　日中は平均25度程度で過ごしやすいが、朝晩は若干冷えることも。台風の季節になるため雨も多く、上着が必要。
冬12〜2月　一日中、長袖が基本。夜間は特に冷え込む事があるので、軽めのジャンパーがあると良い。

便利な無料Wi-Fi
台北市内のMRT駅や公共の場で利用出来る無料公衆LANサービス「TPE-free」。市内各所にある観光案内所でパスポートを見せ、メールアドレスを提示すれば、Wi-FiのIDとPASSを貰う事が出来る。

日焼け対策は万全に

日本よりも南に位置する台湾の日差しは痛いくらいです。UV対策のクリームなどを現地で購入するのはひと際苦労するので、日本で用意する様に！尚、液体物を機内へ持ち込む際や預け荷物へする際は決められたルールがあるので、確認して少量のものを用意するのがベター。

電圧が微妙に違うので注意！

台湾の電圧は110V、周波数は60Hz。簡単に説明すると、日本より少し強い。という事になります。コンセントが同形なので、そのまま使っていると、翌朝にアダプターが故障なんて事も。日本の電気屋さんで数千円の変圧器を購入する事をおすすめします。

水道の水は飲める？飲めない？

硬質の水道水の為、飲用にはほとんど適さないため、ミネラルウォーターを購入するのが良い。シャワーや歯磨き程度なら問題は無い。また、お茶系のドリンクは砂糖が入っているものが多いので、注意が必要だ。「台湾式」なら砂糖入り、「日式」なら無糖。と覚えるのが良い。

レシートが宝くじ？

お買い物をした際のレシート。絶対に捨てないで！というのも、レシートに書かれているナンバーが「宝くじ」になっているからです。2カ月に一度、奇数月の25日に発表となり、8桁の数字が全て的中の1等は何と1000万元！3桁一致の6等200元まであるので、帰国後に台湾財政部のホームページをチェック。外国人でも郵便局で当選金を受け取ることができるので、次は賞金を受け取る旅行！なんて事も。

ちょっとした日本語にも注意

第二次大戦が終わるまでの51年間、台湾は日本の統治下だったために年配の方は日本語を話すことができます。友だち同士でも失礼な発言をしない様に気をつけましょう。また、日本の書店には台湾と日本の歴史に関する書籍もたくさんあるので、渡航前に読んでみる。なんていうのも旅のエッセンスになる筈だ。

素敵な旅の台湾語

コミュニケーションは旅のエッセンス

気さくな台湾の人々に挨拶だけでも出来れば、きっと何倍もの笑顔をもらえるはず!

移動

Aに行きたい
我想去A うぉーしゃんちーA

Aはどこですか?
A在哪裡? Aつぁいなーりー?

道に迷った!
我迷路了! うぉーみーるーら!

ここ
這裡 ちゃーりー

あそこ
那邊 なぁーりー

ひだり
左 ずぅおー

みぎ
右 よう

あいさつ

おはよう!
早! ざぉ!

こんにちは
你好 にいはお

おげんきですか?
你好嗎? にいはおま?

ありがとう
謝謝 しぇーしぇー

すみません
不好意思 ぶーはおーいーすぅ

ごめんなさい
對不起 といぷーちー

さようなら
再見 さいちぇん

お買い物

いくらですか？
多少錢？ どぅーさおちぇん？

〜はありますか？
〜有嗎？ 〜ようまー？

クレジットカードは使えますか？
可以信用卡？ くーいーしんようかー？

いいです
可以 くーいー

ダメです
不可似 ぶーくーいー

いらないです
不用 ぶーよん

数

0	1	2	3	4	5	6	7	8	9
零	一	二	三	四	五	六	七	八	九
りん	いい	あー	さん	すー	うぅー	りょう	ちー	ぱー	ぢょう

100 一百	1000 一千	10000 一萬
いいばい	いいつぇん	いいわん

レストラン

（指差しながら）これをください
要這個 やおちぇがー

メニューをください
請給我菜單 ちんげいうぉーつぁいたん

おいしい！
好吃！ はおちー！

お会計します
買單 まいたん

ビール
啤酒 ぴーじょ

ブタ肉
猪肉 ずーろう

牛肉
牛肉 にょうろう

トリ肉
雞肉 ちーろう

アヒル肉
鴨肉 やーろう

ページ番号　■中心部エリア　■東区エリア　■南部エリア　■その他エリア

乙女の台北 かわいい雑貨、カフェ、スイーツをめぐる旅

飲食 ☕

頂味執餃／でぃんうぇい　ずーじゃお	16
NOTCH 咖啡工場（站前店）／のっち　かーふぇいこんちゃん	22
野菜家〜焼野菜ばる〜／やさいや〜やきやさいばる〜	34
東門鴨莊／どんめん　やーざん	40
夏樹甜品（大稻埕店）／しゃーすーてんぴん	46
大来小館／だーらーしあおぐあん	50
好樣餐桌 VVG Table／はおやん　つぁんずぉ　びーびーじてーぶる	60
齊民市集有機鍋物／じーみんすーじーようじーごーうー	66
好丘 Good Cho's／はおちょう	70
美好年代 Belle Époque／めいはお　にぇんだい　べる　えぽっく	74
Destino 妳是我的命運／ですてにーお　にーすーうぉでみんいん	80
Bambi Bambi brunch／ばんび　ばんび　ぶらんち	88
紫藤廬／つーてんるー	92
Bravo Burger 發福廚房／ぶらぼー　ばーがー　ふぁーふーちゅーふぁん	96
飯 Bar／ふぁんばー	104
李雪辣嬌／りーしぇーらーじあお	108
朵兒咖啡館／どーえーかーふぇいかん	112
RICH CAKE／りっちけーき	116

体験 ✋

LaReine／ら・れーぬ	52
Le Vert thé 緑茗堂／らづぁーて　りゅーみんたん	68
mr.hair／みすたーへあー	82
承薪企業有限公司／ちぇんしん　ちーいぇーようしぇんごんし	94
福悦彫金教室／ふーゆぇーでぃあおじんじあおす	100
草山金工 Grass Hill Jewelry／つあおさんじんごん　ぐらす　ひる　じゅえりー	110

コラム1	54
コラム2	84
コラム3	102
我愛的夜市	118
スーパーマーケットは買い物・お土産天国	120
旅の便利MEMO	122
素敵な旅の台湾語	124

INDEX ジャンル別インデックス

雑貨 🛍

剪刀兔本鋪／ぜんじゃーじゃーじ	12
品墨良行／ぴんもーりゃんはん	14
雲彩軒中山店／うんつぁいしぇん　ぞんさんでん	18
繭裏子 TWINE／じえんりーず	20
Zakka club 雑貨倶樂部／ざっかくらぶ　ざふぉーじゅれーぶ	24
春豬原創工作室／ちゅんずーいえんつあんごんぞーす	26
現在夢中。制造工所／しぇんざいもんじょん。ずーざおごんそー	28
成家家居／ぜんじゃーじゃーじ	30
進駐品牌 自做自售創意供賣局／じんずーぴんぱい　じぞーじそーつぁんいごんまいじ	32
安達窯／あんだーやう	36
蘑菇台北中山本店 shop	cafe'	meal／もーぐー　たいぺいぞんさんべんてん…	38
繡花房／しょうふあふぁん	42
Loopy 鹿皮／るーぴー	44
尋藝廬／しゅんいーるー	48
Lomography Gallery Store／ろもぐらふぃー　ぎゃらりー　すとあ	56
G-LOVE／じーらぶ	58
Foufou&friends shop／ふぉうふぉう　あんど　ふれんず　しょっぷ	62
聽見幸福音樂盒／てぃんじぇんしんふーいんいえーへー	64
LIHO 禮好／りーほー	72
blahblahblah／ぶらぶらぶら	76
Wiz 微禮／うぃず　うぇいりー	78
找到魔椅／じゃおだおー　もーいー	86
羊毛氈手創館／やんまおざんそうつぁんくあん	90
私藏不藏私／しーざんぶざんす	98
久大文具 復北門市／じょうだ　うぇんじゅ　ふーべいめんす	106
CHARM VILLA 子村莊園／ちゃーむびら　ずーつんざんいえん	114

◆ あとがき

今回の制作は、台湾スタッフとの合作となった。どの面々も台湾人にはめずらしく（!）真摯に仕事をしてくれて、日本と台湾の架け橋役となってくれた。この書の中で紹介する店舗は、日本の取材は初めてという店も多い。台湾初心者から、何度もリピートされている読者まで、台北のホントの穴場を味わっていただければ幸いです。

（グレアトーン台湾編集部・制作一同）

◆ スタッフ

【取材・文】	原子禅、菅谷環、中村保名美、陳玉里、華科鑑
【撮　　影】	陳冠宏、沈銘宏、鄭傑仁
	グレアトーン（江本秀幸・米谷さくら）
【ディレクション】	グレアトーン（江本明美）
【イラスト】	美月
【デザイン】	佐々木淳二、園部真実子
【制　　作】	有限会社グレアトーン
	www.glaretone.com

乙女の台北
かわいい雑貨、カフェ、スイーツをめぐる旅

2015年2月10日　第1版・第1刷発行

著　者　グレアトーン台湾編集部
発行者　メイツ出版株式会社
　　　　代表者　前田信二
　　　　〒102-0093 東京都千代田区平河町一丁目1-8
　　　　TEL：03-5276-3050（編集・営業）
　　　　　　　03-5276-3052（注文専用）
　　　　FAX：03-5276-3105
印　刷　株式会社厚徳社

●本書の一部、あるいは全部を無断でコピーすることは、法律で認められた場合を除き、著作権の侵害となりますので禁止します。
●定価はカバーに表示してあります。
© グレアトーン ,2015.ISBN978-4-7804-1537-7 C2026 Printed in Japan.

メイツ出版ホームページアドレス　http://www.mates-publishing.co.jp/
編集長：大羽孝志　　企画担当：折居かおる